信息时代下高校
图书馆的管理与读者服务创新

相 前 著

吉林科学技术出版社

图书在版编目（CIP）数据

信息时代下高校图书馆的管理与读者服务创新 / 相前著. -- 长春 : 吉林科学技术出版社, 2020.10

ISBN 978-7-5578-7775-0

Ⅰ. ①信… Ⅱ. ①相… Ⅲ. ①院校图书馆－图书馆工作－研究 Ⅳ. ①G258.6

中国版本图书馆CIP数据核字（2020）第199788号

信息时代下高校图书馆的管理与读者服务创新

著　　者　相　前
出 版 人　宛　霞
责任编辑　冯　越
封面设计　马　涛
制　　版　吴　莉
幅面尺寸　185mm×260mm
开　　本　16
字　　数　210千字
页　　数　152
印　　张　9.5
版　　次　2020年10月第1版
印　　次　2020年10月第1次印刷

出　　版　吉林科学技术出版社
发　　行　吉林科学技术出版社
地　　址　长春净月高新区福祉大路5788号出版大厦A座
邮　　编　130118
发行部电话／传真　0431—81629529　81629530　81629531
81629532　81629533　81629534
储运部电话　0431—86059116
编辑部电话　0431—81629520
印　　刷　北京宝莲鸿图科技有限公司

书　　号　ISBN 978-7-5578-7775-0
定　　价　60.00元

前 言

图书馆，大家都不会陌生，它提供给我们学习的场所。近年来，科技、多媒体技术以及通信技术的迅猛发展促进了图书馆网络信息化的向前发展，相较于往昔的传统读书模式，今天的读者可以利用更多、更快的信息渠道汲取知识，提高自身的文化水平；反之，网络时代背景下，图书馆的变革既有机遇又有挑战，管理人员要坚持选择先进理念指导，摒弃旧的模式，合理创新服务模式，最大限度地满足人们不断增长的文化需求。

思想意识具有强大的能动作用，探索适应网络时代发展的服务模式，首先必须要转变旧的服务理念，建立新的服务理念，在这种新型服务理念的指导下，把创新的方向定为深层次的加工和信息的整合。实际操作过程中，图书馆一定要把现代先进的管理理念贯穿到服务的各个环节，树立起开放服务与竞争的意识，树立以读者为根本的理念，不断去了解读者出现的新需求，把新的知识和新的技能充分的利用起来，更好地服务于读者；同时也要不断地拓展服务的领域，提升自身的水平，21世纪是信息快速传播的时代，信息的载体从传统的书籍转换到多媒体，知识的更新换代十分迅速，高校图书馆受到了知识浪潮的冲击，由传统的图书馆变为印刷类资料与电子书籍共存的复合型图书馆，其馆藏文献也变得极其多样化。同时，互联网的高速发展扩大了高校图书馆的读者群体，使图书馆成了一个开放的知识中心。如何充分利用网上信息及本馆的自有资源，更好地为读者满意的服务。这就要求当下的读者服务工作要转变思路，跟上信息时代发展的步伐，利用科技手段准确的分析把握读者需求，才能更好地为读者提供有针对性的人性化服务。丰富内涵，吸引更多的读者进来，极大限度的满足读者的需求。

目 录

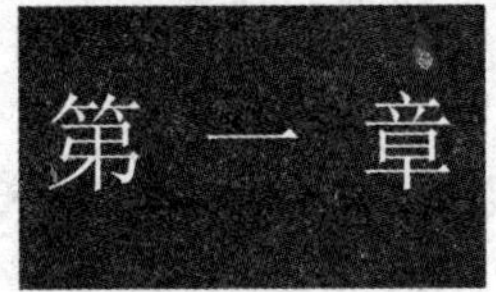

第一章　现代图书馆管理与信息整合

第一节　图书馆管理中现代信息技术的有机整合

目前，我国在信息技术方面已取得了突破性进展，这对于传统图书资源管理产生了巨大的影响。信息化推动着图书馆管理不断创新发展，国内一些图书馆在自身资源管理工作中逐步开始应用信息化技术，来提升图书馆服务水平和能力。信息化对于图书馆管理工作来讲，是一种机遇，也是一种挑战，在信息时代背景下，以何种姿态迎接未知挑战，把握机遇，成为当前图书馆管理和发展中值得思考的问题。

一、信息技术为现代图书馆管理工作带来的机遇

在信息时代背景下，图书馆管理工作中面临着极大机遇，这主要体现在：信息技术应用于图书馆管理工作中时，可以提高我国图书馆的共享资源技术和水平，使其适应信息时代的要求，而读者可以更迅速、便捷地获取信息资源，

图书馆管理工作中引入信息化技术已成为当前世界发展的潮流，该技术的应用能全面推进我国图书馆事业的发展。图书馆为使用者提供的信息量的很大，因此对信息服务效率有较高的要求标准，信息技术有着传播迅速的特点，将其应用在图书馆管理工作中，可以取得满意效果。

二、图书管理和信息技术的有机结合方法

要想在根本上提升图书馆管理水平，就必须将信息技术与其图书馆管理进行全面结合，而要想做到这一点，就要改进先前结合方式，利用这种方法，推进图书馆管理工作发展，尽最大可能满足使用者对于管理工作的服务需要。

逐步创建和完善图书馆馆间资源共享和信息服务系统。图书馆内文献存储量非常可观，完成上述工作，不但能够全面扩充原有资源量，同时对于信息共享创新发展也有着非常重要的意义。

将现代信息技术应用在图书馆管理工作中，也应注意创建、完善馆内资源和信息查询系统。完成这项工作后，使用者可以更快查询到有用信息，可在最大程度上提升图书馆管理工作水平。

以创建与完善图书馆馆间资源为基准，全面推行图书馆馆间资源互借服务，全面满足当代图书馆使用者的需要，推进图书馆事业发展。

创建新的服务部门和团队。随着科学技术的不断发展，图书馆在专业分工方面也比以前更为细致，其机构设置需要做到以读者为核心，尽量向专业化方向的发展，把现有图书馆中读者服务部进一步分化，并在其中设立一些具有特色的主题部门，在真正意义上做到令读者满意。

建立信息化人才队伍。在创建学习型组织的同时，要以网络信息环境下工作人员基本素质培训工作为核心，在图书馆内建立起高素质的人才队伍，除了精细筛选之外，要对其进行个性化岗位培训，使用有效方式，吸引高素质人才加入图书馆管理队伍中，建立起高效服务队伍。

综上所述，在信息化时代背景下，图书馆管理面临着较大的机遇和挑战。也正因为如此，在现如今的图书馆管理工作中，一定要做好信息技术在相关图书馆服务管理工作中的应用，使用有效方式，将两者有机结合，这对于提升现有图书馆管理和服务水准来讲，有着非常重要的实际意义。

第二节　图书馆信息资源的整合及发展

一、网络环境下图书馆信息资源整合及发展

新时期，网络技术日新月异，以迅雷不及掩耳之势颠覆着人们信息交流的模式。网络技术以其多元化、便捷化、个性化与交互性等特点，为现代图书馆进行科学服务，推介各类知识与信息提供了科学的交流平台。网络环境下，公共图书馆应该利用新媒体技术，完善与读者之间的沟通，积极发挥公共图书馆的馆藏信息优势，充分利用有效的网络数据资源，重新运用网络技术的新功能，整合图书馆信息资源，为公共图书馆开展公共文化服务提供科学的交流空间。

“十三五”时期，是公共图书馆转型发展的关键时期，也是公共图书馆实现新跨越的战略机遇期。现代网络技术的不断发展，使数字图书馆的发展趋势更加明显。信息资源整合的内涵与外延由浅入深地快速发展，也使现代图书馆工作者在网络时代面临着新的机遇与挑战。因此，科学制定图书馆信息资源整合的发展规划，对于提升公共图书馆事业的科学发展水平，保障公众的基本公共文化权益，助推公共文化事业的发展，具有十分重要的意义。因此，如何实现图书馆信息资源整合的可持续发展战略目标，已成为现代图书馆发展中亟须解决的重要问题。

（一）网络环境下进行图书馆信息资源整合的意义

网络技术的日新月异为现代图书馆的合作与交流提供了极其强大的技术支持与保障，促进了现代图书馆信息资源共享与整合的科学发展，使依托强有力的文献传递网络建立的文献资源共享体系能够满足广大用户的需求，不但可以向用户展示中华民族的历

史与文化，而且可以让文献资源走出国门，实现文献信息资源的社会效益，从而实现文献信息资源的全球化共享。

与传统图书馆相比，无论是在服务模式上，还是在管理方法上，现代图书馆都有更加广阔的开发前景。因为现代网络技术的快速发展为现代图书馆注入了新的活力与生机，使信息资源的共享在现代图书馆中得以实现。在信息时代，图书馆员的工作角色与工作方式正在发生着翻天覆地的变化，图书馆员的服务模式已不再是被动地为读者提供图书与资料，也不再是传统模式的保存与传递文献资料，而是现代信息的管理者与指引者。现代图书馆员的主要工作任务就是将不同载体与不同类别的信息进行优化组合，为读者提供他们需要的知识与资料信息，提高信息资源的利用率。

（二）网络环境下信息资源整合存在的问题

面对网络技术的快速发展，如果现代图书馆要最大限度地满足读者的信息需求，不但要实现图书馆馆藏信息资源的丰富多彩，而且要实现图书馆馆藏信息资源的有条不紊。然而，现代图书馆丰富多彩的信息资源也会给用户在信息资源的利用上带来新的问题，这些问题主要表现在。

1. 信息检索不科学

由于信息检索的方法各异，导致各个信息系统所需要的技术环节也各不相同，因此，检索页面的设计也存在差异性。读者在获取有关信息时，必须通过烦琐的检索页面，这就要求读者一定要掌握各种查询方法，增加了信息查询与检索的复杂性。

2. 信息查询的效率低

为了获取比较全面的信息，读者有时需要在每一个信息系统中都进行查询或检索，而每一个信息系统之间又没有信息共享和信息传输所需要的端口，因此，导致读者信息查询的效率比较低。

3. 信息的查准率不高、查全率受限

因为信息资源的来源不同，导致读者查询的信息重复率过高，极大地影响了信息资源的查准率。同时，千差万别的信息资源发布在不同的载体上，因为载体的形式不同，导致其发布的信息资源之间缺乏科学的联系，降低了信息资源的查全率。

4. 图书馆藏书的重复订购率较高

近年来，各地图书馆不但存在重复订购的问题，而且各图书馆为了建设包括实体资源与虚拟资源的复合性藏书体系，使图书馆馆藏文献的重复率迅速上升，既导致数据库之间资源的重复率上升，也导致数据库与文献实体之间的重复率上升。另外，重复订购还表现为电子文献和馆藏文献之间的重复，区域性馆和非区域性馆之间的馆藏文献重复，各个图书馆之间的电子文献和馆藏文献的重复等。因此，在网络环境下，数字化信息资源、馆藏文献资源、非文献资源的比例与配备等也是比较突出的现实问题。

以上问题的存在，说明目前信息资源整合已经刻不容缓。通过信息资源的科学整合，加强信息资源的科学化和有序化，完善信息检索模式与检索界面的科学性，使广大读者能够方便快捷地查询到自己所需要的信息资源，从而提高现代图书馆信息资源的利用率。

（三）网络环境下图书馆信息资源整合的对策研究

1. 进一步丰富文献资源与数字资源

公共图书馆应建设有特色的网络文献信息收藏体系，进一步丰富文献资源与数字资源，将公共图书馆打造成为文化信息资源的收藏中心；以数字图书馆建设为基础，全力推动图书馆智能化建设，积极探索和运用“互联网 +”技术，全面提高图书馆运用信息化技术的能力与水平；进一步推动文化信息资源建设工程、数字图书馆推广工程与公共电子阅览室建设计划及数字文化工程建设；进一步推动图书馆联盟建设工作，在全国公共图书馆系统形成“以强带弱，密切联动”的图书馆网络联盟格局。

2. 加强图书馆信息资源的深度加工

图书馆资源的组织加工是对于信息资源的一种整合，其成果是一种资源的知识展现形式。在大数据环境中，图书馆员必须与时俱进，力求在数字图书馆的内部资源与外部资源之间建立语义关联，构建面向全社会的信息资源数字图书馆组织结构。

一方面，数字图书馆应转变信息资源建设理念，在文献等传统信息资源的基础上科学拓展网络信息、实时信息与时事信息资源。只有不断丰富图书馆信息资源建设，才能科学推动现代图书馆的信息资源建设。另一方面，图书馆要结合网络时代的关键词特征，使读者在搜索引擎进行信息查询的过程中，能够科学运用数字图书馆的信息资源，科学优化现代数字图书馆的信息技术处理能力。

总之，数字图书馆必须运用信息分析能力。在网络时代，信息已成为一种有价值的财富，只有科学运用现代分析技术，才能提高信息资源的利用率，才能有助于数字图书馆的创新发展。

3. 围绕转型升级，推动图书馆事业的发展

在服务理念上，图书馆要顺应数字化、网络化的时代要求，从“以资源为中心”的服务模式向“以需求为中心”的服务模式转变，提高服务效率，实现服务效益的最大化；建立复合多元结构的资源体系，满足读者个性化与深层次的需求，将信息资源建设重心从偏重纸质资源向纸质资源与数字资源并重、传统数字资源与原生数字资源并重的方向转变，建立切实可行的现代图书馆转型发展的信息资源保障体系。

图书馆在做好纸质文献借阅的传统服务模式的基础上，应科学发挥现代图书馆信息资源整合、开发与挖掘等方面的优势，加快向“服务内容知识化，服务方式集成化，服务手段智能化”等新型方式转型，进一步完善数字图书馆信息资源服务平台，不断提高移动服务的能力与水平，建立图书馆创新转型服务的新平台。

4. 坚持需求导向，提高图书馆信息资源建设水平

图书馆的具体做法有：①以建设现代图书馆信息资源库为己任。科学整合各个学科与各类型的信息资源，满足不同层次、不同年龄与不同职业的读者的大众需求，建立科学的信息资源保障体系。②加强公共图书馆文献信息资源建设。建立“用户需求”驱动的文献信息资源建设的新模式，根据服务对象的需求创新文献采访策略，从而保障读者对传统文献阅读的个性化需求。③加强图书馆数字库资源建设。科学调整纸质文献与数字信息资源的结构，在信息资源购置经费增长的前提下，进一步提高数字资源采购经费的比例。④加强与各级图书馆之间的交流与合作，遵循图书馆信息资源共享的原则，科学开展现代图书馆信息资源整合的建设工作。⑤科学运用网络技术对各种载体与类型多样的文献信息资源进行深度揭示，提高文献信息的组织效率。⑥进一步建立纸质资源与信息资源相结合、传统借阅与新媒体服务相结合的服务模式。⑦利用网络技术，实时开展信息采集、挖掘与处理，为各类信息服务系统提供数据输入，提高信息服务的层次与深度。

5. 提高现代图书馆信息化运用能力

图书馆的具体做法有：①加强现代图书馆软硬件建设，加快图书馆综合建设平台的建设。图书馆应完善自助借还设备的功能，为读者提供 24 小时的自助借阅服务系统，同时提升手机图书馆的信息服务功能。②打造数字图书馆推广与整合工程的展示平台。图书馆应在综合阅览大厅放置 LED 显示屏、触摸阅读机、音像设备等，为广大读者提供愉悦的阅读氛围。③加大图书馆信息系统的保障建设。图书馆要加强信息安全监控体系，防止有害网络信息的传播，确保现代图书馆信息资源与服务的安全性。④提高读者管理能力。网络技术的日新月异，图书馆员要根据信息时代的特点，整合新的读者接触点，而不要留恋传统的服务空间与服务场所。发展策略应该从传统的藏书中心转化为读者服务中心，为读者提供多种渠道、多种模式的愉悦读书体验。同时，现代图书馆要了解新时期读者的阅读心理与动机，关注读者的业务需求与信息服务需求等。⑤提高营销管理能力。网络时代，现代图书馆的营销管理可以借助大数据平台，对读者的信息行为、个人情况、搜索模式与借阅记录进行跟踪分析与了解，从而有的放矢地对读者进行个性化的信息营销服务，将完善的信息产品及时送到目标读者手中。⑥提高图书馆工作人员的信息素养。网络时代，提高图书馆工作人员的信息素养势在必行。图书馆要建立全员培训的长效机制，结合互联网发展的新要求，加强针对全馆职工的信息技术培训，加强图书馆专业、管理专业、计算机专业、古籍整理专业、重点文化工程等重点业务培训。⑦建立切实可行的信息资源整合的科学途径与方法。图书馆应通过网络的联机编目、网络科学订购与网络公关检索，在网络中实现文献信息资源的科学整合，让图书馆工作的重点放在图书馆网络资源的科学配置上。为了规避馆藏文献的重复问题，图书馆要建立权威性的全国公共书库的统一目录系统，建立对于国家经济发展具有重要意义的专业数据库体系，建立全国统一的一次文献与二次文献数据库系统，建立切实可行的各级各区域的文献信息资源的科学整合，建立以网络为依托的全国性的统一公共书刊目录，发挥网络文献信息的快速传递作用。

网络时代，图书馆进行信息资源整合是大势所趋。图书馆工作人员不但要具备数据的理解与分析能力，而且要对大数据技术具有深层次的把握与应用能力，特别是大数据应用于现代图书馆方面的关键技术。此外，科学运用大数据分析工具与软件，全面整合新的图书馆信息网络资源也是势在必行。

网络时代，图书馆工作人员还要与时俱进地探索与积累我国数字图书馆建设的实践经验，不断提高图书馆工作人员的工作素养，继续完善数字图书馆的综合实力与服务效率，为广大读者提供丰富多彩的文化信息服务，分享世界各地的文化与不同专业的科学成果，从而实现我国数字图书馆“跨越式”的大发展。

二、高校图书馆信息资源整合与协调发展

随着数字技术与网络技术的飞速发展，信息资源共建共享进入到量变到质变的发展阶段，高校图书馆为了满足读者教学与科研的需要，信息资源的整合已成为必然。高校图书馆的信息资源整合主要分为两大方面，即传统信息资源的整合和数字信息资源的整合。

（一）传统信息资源的整合

随着网格技术、云计算等技术的兴起，图书馆藏书受到很大冲击，但由于传统馆藏资源的基础较强，与读者的阅读习惯，使传统信息资源与数字信息资源并存。传统信息资源的整合主要体现在馆藏结构与配置方面。

1. 一个理想的馆藏结构应满足以下条件：

①有利于提高藏书利用率，充分发挥馆藏文献的效益，通过对藏书的划分与组织，使这一图书资源达到有序化，从而使藏书得到有效的开发与利用；②使藏书适应不同读者的需要，便于读者找到他们所需要的书刊资料。如：贵州大学图书馆设置有新书专架，方便读者查找最新的图书资料；③便于图书馆工作人员熟悉和研究藏书，开展灵活、迅速、周到的服务；④有利于充分利用图书馆的有效面积，节约书库和阅览室的空间。有利于藏书的保管，延长书刊的使用寿命。如：贵州大学图书馆已实现浏览一体化，即在书库靠窗处安放阅览桌，方便读者找书和阅读，节省空间，又可避免阳光直接照射书架，造成图书老化，使全开架图书最大限度地为读者服务。

2. 合理的馆藏配置决定服务质量

①数量上的配置，包括存量和增量配置，也就是对现有信息资源和新开发出的信息资源进行配置，它是由学科文献资源的出版状态和读者需求情况两个因素决定；②时间和空间上的配置。在时间上，对馆藏信息资源在过去、现在和未来 3 种时态上进行配置。在日常管理上，体现为对文献的更新、整架和有效性安排，并强调秩序。在空间上，因读者需求与分布格局的差异，应对馆藏结构进行科学合理划分，利用馆藏信息资源在不同

部门和不同地区的分布，做好针对性服务，使读者便捷获取，提高服务效率；③在配置中进行优化组合。优化组合的目的在于满足读者的教学科研所需。通过调查研究，分析协商，确定选书选刊范围，给予特定结构调整，并按数量、时间和空间等因素配置相应的服务信息平台。如：贵州大学在原有的基础上于 1997 年和 2004 年分别把贵州农学院和贵州工业大学合并，成为集文、理、农、工等为一体的综合性 211 大学，因此，馆藏结构也发生了变化，图书的配置就要重新整合了。

（二）数字信息资源的整合

数字化时代的发展决定了数字信息资源的建设将逐渐成为图书馆馆藏建设的核心，为了去伪存真，淘汰过时信息，清除垃圾信息，避免重复浪费资源，使读者方便获取与利用，更好地为教学与科研服务，因此，高校图书馆的数字信息资源整合也日益显得重要起来。

1. 数字信息资源整合的含义

数字信息资源整合是数字信息资源优化组合的一种存在状态，是在符合一定条件的前提下，将相对独立的数字信息资源实现无缝链接，进而产生新质的一种知识组织方法，重新构成一个新的效能更好，效率更高数字信息资源体系，其整合程度直接关系到数字资源能否被高效吸收与利用。

2. 数字信息资源整合的目的

①数字信息资源的特点就是载体的数字化和内容的数字化。数字信息资源的快速增长及其海量存储使它内容丰富庞杂，交叉又重复，对用户的选择与获取产生了直接影响，造成效率低下。高校图书馆通过对数字信息资源的整合，研发提供良好选择工具和获取渠道，帮助读者顺利选择和获取数字信息资源，体现出图书馆数字信息资源建设的内在生存价值和社会意义；②数字信息资源的急速增长和存储，造成泥沙俱下，良莠不齐，有精华也有糟粕。多数数据库为了收录全面，使得大量价值不高的信息进入资源系统，干扰了用户对信息的获取。数字信息资源的整合可以减少信息资源的混乱程度，解决冗余信息所带来的浪费存储空间，浪费用户时间和精力的现实问题，尽力做到去伪存真；③数字信息资源知识模块条割状态导致知识关联程度低。知识本身是一个紧密联系的有机整体，而现在数据资源系统内的数据大都是孤立存在的，不能体现内在联系，给用户的信息检索和获取全文造成不便。数字信息资源的整合可以建立起各数字资源间的有机联系，为用户排除障碍，疏通信息渠道，以统一的界面向用户提供服务；④数字信息资源的整合，可以节约社会信息活动的总成本，提高整个社会信息使用 / 交互的效率。

（三）数字信息资源整合的方式

1. 以目录形式进行整合

图书馆数字信息资源随着数量和规模迅猛增长，形式异常丰富多样。一本图书，不仅有光盘、磁带、音视频资料，还有电子版、网络版，同时还有数字化的虚拟形态。为了将这样相同和相关主题信息资源汇合链接，必须通过编目和著录，为用户提供统一简单透明的目录。

2. 对信息检索方式进行整合

图书馆对数字资源进行整合，必须利用统一的界面向用户提供一站式浏览与检索，让用户以最快速度找到自己所需的信息，因此，对各类资源检索方式进行整合就非常重要。

（1）数据库之间检索方式的统一。针对各种光盘数据库，网络数据库，自建数据库在内容上有重复，检索界面不统一，检索方式各异的现象，开发新的系统，提供给用户一个统一的检索平台，用户只需进行一次检索，就能实现对馆藏各数据库的交叉检索，并且由系统自动对命中结果进行查重处理，节省了读者时间。提高了数字资源的利用率，实现信息的增值服务。

（2）实体资源与虚拟资源检索方式的整合。高校图书馆实体资源与虚拟资源是相互依存又相互区别的信息资源，两者构成了馆藏信息资源的总和，将长期并存。由于高校图书馆馆藏实体资源与虚拟资源缺乏统一规划和整合，所以在整合过程中既要充实馆藏实体资源，又要加强馆藏虚拟资源的引进。将传统的书目资源系统与数字资源的检索整合系统进行链接，形成一种全新的信息资源的组织体系，为读者提供检索服务。

（3）利用资源导航进行数字信息资源的整合。资源导航是对数字信息资源进行管理，从数据库或文献类型方面进行分类、描述，提供链接和检索等相关服务。根据数字资源类型不同，建立电子期刊，电子报纸，会议论文集等不同的资源导航库，提供按信息资源名，关键词，资源标志等获取资源的途径。资源导航系统有字顺浏览功能，分类浏览功能，关键词检索功能，能够帮助读者迅速找到信息资源，并利用超文本链接提供检索入口，对该资源进行目录或全文检索。

（四）加强高校图书馆信息资源的协调发展

1. 加强传统信息资源与数字信息资源的优势互补

由于读者对传统信息资源与数字信息资源都有所需求，因此，高校图书馆必须要有数字化的超前意识，在积极做好数字信息资源整合和服务的同时，珍惜传统信息资源，充分发挥其作用，避免只注重对数字信息资源的建设，而轻视传统图书资源的投入和服务。在两者交融的基础上，对传统信息资源和数字信息资源进行整合，形成两种主体信息资源的优势互补，建立起高校图书馆的信息资源保障体系。

2. 加强传统信息资源与数字信息资源合理配置

信息资源的建设是图书馆整体建设发展的核心。传统信息资源与数字信息资源的结构，配置与质量能否达到协调一致，适应学校教学与科研的需要，具有非常重要的意义。如：贵州大学图书馆现在馆藏图书 379.86 万册，在丰富传统信息资源的同时积极推进数字化资源建设，拥有电字图书 133 万册，中外文电子文献数据库 18 个 (包含 CNKI、维普、万方等 9 个中文全文数据库，以及 Elsevier SODS、Springer、ACM 等 9 个外文全文数据库)，初步形成了传统信息资源与数字信息资源收藏结构合理，应用广泛的馆藏布局。目前，新图书馆已落成，建筑面积达 59539m2，阅览座位数达 8000 个，贵州大学图书馆正向着更高的目标迈进。

3. 加强高校图书馆之间信息资源的共享

高校图书馆要实现信息资源共享，必须要拥有一个功能齐全、完善的信息资源管理系统和管理机制，以便及时、准确地为读者提供信息资源服务。建议采取以下措施：①建立高校图书馆信息资源共享联盟。加强高校图书馆之间的沟通与合作，共建信息资源共享的有效机制，为高校图书馆信息资源共享提供良好环境；②根据各高校图书馆的定位和特色，建立丰富多样的信息资源体系；③利用先进的信息技术，加强信息资源的整合。通过信息资源管理系统，实现真正意义上的信息资源共享；④健全与完善相关的法规保障机制和信息安全保障机制；⑤加强图书管理人才的培养，为高校图书馆信息资源共享服务。

总之，高校图书馆的信息资源整合与协调发展就是要对信息资源建设，进行全面权衡，做好整体规划。根据学校整体目标以及学科建设、教学与科研等特点，对传统信息资源与数字信息资源两种主体资源进行整合，使其协调发展，避免重复建设，做到相互适应，有机配合，优势互补。还要加强图书馆之间的合作，互通有无，为资源共建共享做出应有的贡献。

第三节　高校图书馆纸质图书与电子图书整合

目前我国信息科学技术呈现出快速发展的趋势，使得当前高校师生的阅读发生也发生了相应的转变，科研以及学习对于图书资源的获取渠道也不断扩大。为了更好地适应新时代社会发展以及读者的实际需要，当前高校图书馆需要进一步扩大电子图书的总体数量，此外电子图书也是衡量高校图书馆现代化水平的重要参考性依据。电子运营商为高校图书馆提供充足的电子图书，有的高校也直接通过采用运营商的图书管理系统为读者提供相关流通服务。但是当前纸质图书都是通过具体的分类进行编目，经过购买后才会依次录入到图书馆的信息管理系统中，为读者提供相应的流通服务。所以当前高校都是实行纸质图书与电子图书分离的流通服务模式。

一、高校图书馆纸质图书与电子图书流通服务中存在的问题分析

（一）纸质图书馆和电子图书馆脱节

现阶段我国科学技术发展较快，在电子图书出版的过程中，技术人员会将纸质图书

排版为电子图书稿件。然后通过电子文稿，印刷出相应的图书。相关出版机构会同时保障纸质和电子文稿的两种版权，但是在实际出版的过程中都是以图书出版为主要业务，电子图书得不到有效重视。

当前电子图书的出版都是由于相关商业公司介入后，获得了相应的出版权才能够实现的。但是这样会导致出版方与书籍制作单位之间联系中断，导致纸质与电子图书不能同步印刷，会导致资源出现浪费以及管理分配不均匀的现象。

（二）在检索和利用等环节的脱节

当前大多数高校都是通过相关的管理信息系统来对纸质图书实现信息化的管理，然后通过数据格式模式实现图书的分类编排工作，从而更好地辅助目录查询检索。电子图书与纸质图书在目录查询编排过程中存在着一定的差异性，不能将目录进行全面整合，从而使得纸质图书与电子图书之间的管理系统相互分离，对于图书查找以及信息检索的利用效率具有一定的影响。当读者在图书查找过程中进入图书馆信息系统时，通过链接目录以及电子图书进行查找时，这会大幅度增加读者信息查询时间，查询的结果也不太理想。

（三）图书管理结构不合理

当前高校图书馆的实际藏书量是衡量图书馆综合实力的重要参考性依据，图书馆在实际管理过程中众多问题就容易导致纸质图书与电子图书之间不能有效整合流通的情况。纸质图书与电子图书之间有较多的内容是相互重复内容，从而使得图书馆资源造成了浪费，以及占据了有效的馆藏空间。大量购买一类或是无实际价值的纸质读书不能满足读者的需求，收藏价值高以及有特色的图书，也增加了图书馆的成本。

二、高校图书馆纸质图书与电子图书整合流通的措施

当前要想更好地实现纸质图书与电子图书之间的整合流通服务，首先就需要改善两种图书服务之间的脱节现象。要更好地处理此类问题，以下从三个方面进行探析，首先要加强国家信息化工程建设，要处理好出版商与开发商之间的关系，最后是要加强高校图书馆层面的有效管理。

（一）加强国家信息化工程建设

现阶段要想全面实现纸质图书馆与电子图书之间的整合流通，不是单个图书馆就能完成的工作，需要从根本上建设发展国家信息化工程。将二者的有效连接整合作为长远的发展计划，成立具体的部门进行技术设计引导，在必要的环节要投入相应的资金量，以保障各项工作的有序开展。此外图书馆还需要紧密联系图书发行商以及系统开发商之间的联系，通过协同工作促使各项工作的效率有效提升。

（二）出版商与系统开发商之间的联系

当前高校图书馆图书的出版发行商以及系统的开发商是图书馆各项服务以及综合技术的提供者，对于高校图书馆的流通服务具有重要的作用。但是现行图书馆的管理方式导致资源分散浪费以及实际供应不足等情况，这也是实现整合流通服务的主要限制性因素，所以当前要更好地实现电子图书与纸质图书之间的整合流通，扩大资源的实际利用程度。在图书发行生产的过程中，出版商与系统开发商之间要相互沟通协调，对书籍的内容进行优化组合，使得内容更好地统一，避免出现资源浪费分散的情况。此外，在进行文献检索过程中，电子图书与纸质书需要采取相同标准的著录方式，从而实现检索的同步和统一化。

（三）高校图书馆的实际管理层面

当前高校图书馆不论是电子图书还是纸质图书，自身存在的价值就是为读者提供相关的阅读服务。需要二者的相互配合完成，才能更好地实现图书的整合流通。所以当前高校图书馆需要建立完善的馆藏数据库，以及根据自身发展的现状对图书馆馆藏结构以及综合管理结构进行有效调整。

高校图书馆需要根据当前图书分类编排模式将电子图书与纸质图书进行有效编录，在目录数据部分要设置相关的条目，从而更便于读者的文件检索。在文件上标注出具体的文献载体模式，建立起完善的电子数据库。电子图书与纸质图书之间各有优缺点，纸质图书不受相关阅读设备的影响，且收藏以及阅读价值较高。所以当前高校图书馆在设计图书馆馆藏结构时需要综合考虑到各方面的因素。在实际纳入图书时，需要考虑到读者的需求以及图书的实际价值，要适量购入收藏价值高以及文学价值高，有意义的图书。

此外，与纸质图书进行比较，电子图书也具有无法替代的优势。比如电子图书的阅读不受空间环境的限制，对于文献的搜索更加便捷，且价格也较为便宜。无须到图书馆进行借阅就能获取全书。所以当前高校图书馆也要更加重视电子图书的实际购买，使得纸质图书与电子图书之间结构达成合理化，将各类图书自身的价值扩大化。此外高校图书馆还需要从读者自身的角度出发，选取借阅量较大的图书，以及各类考试应用书籍，尽可能减少更类网络免费电子书的购入。

总而言之，当前高校纸质图书与电子图书的整合流通是图书馆运行发展的重要方面，要加快资源信息化系统建设，协调发行商与系统开发商之间的资源联系，建立全面检索、发行等一体化的服务系统，从而更好地为广大读者提供更优质的阅读流通环境。

第四节　数字图书馆信息资源整合与服务模式创新

在网络信息技术高速发展的当今社会，云计算技术随着网络的发展逐渐被应用到各行各业中，对我国社会建设和经济的发展产生了极其重要的影响。而基于云计算技术的应用，对图书馆在探索数字化建设的过程中的资源整合和服务工作进行了研究，希望可以借助资源整合和服务模式的创新探寻新的发展道路，在新时期激烈的市场竞争中获胜。本节从云计算环境影响下数字图书馆的信息整合工作入手，对创新数字图书馆服务模式的措施进行了适当的分析，希望能够为云计算环境下数字图书馆的良好发展提供相应的支持。

一、云计算影响下数字图书馆的信息资源整合工作

云计算是一种较为先进的技术手段，合理应用云计算技术可以对资源进行有效的整合，促使资源的存储量得到进一步提升。将云计算技术应用到数字图书馆的建设过程中，图书资源能够得到最大化的应用，图书馆的馆藏量也必然会有所提升。因此新时期要想促进数字图书馆事业的持续稳定发展，就应该进一步加强对云计算技术的应用，探索相应的信息资源整合措施，为云计算环境下数字图书馆的良好发展提供相应的保障。一般来说，云计算背景下对数字图书馆信息资源的整合包含以下几个方面的内容：

首先，对数据的整合。数据整合是云计算背景下数字图书馆进行信息资源整合的重要方面，只有保证数据整合质量才能够为信息资源的整合奠定基础。简单地说数据整合就是将不同的分散数据库进行有效融合，从本质上将其转变为新的数据管理系统，实现对多数据下的共同点进行适当的提取和归纳，能够促使数字图书馆中的数据库实现系统化发展。

其次，对信息系统的整合。在应用云计算技术对数字图书馆的信息资源进行有效整个的过程中需要保证对信息系统整合的效果，即在多数据库的情况下，不同数据库应该使用相应的信息系统，保证信息系统的契合性，而在云计算模式下对这些新系统进行有效整合则能够建立一个多元化的、可以供多种数据库共同使用的系统，数据库中的框架和结构也可以实现高度的统一，为用户的使用创造良好的条件。

最后，对用户检索方式进行合理整合。信息技术的发展和在图书馆中的应用促使客户的需求也发生了一定的变化，数字图书馆在对用户检索方式进行整合的过程中应该结合用户的不同需求对检索方式进行合理创新，增强用户信息检索的精准性，满足不同用户的实际需求，提升客户的满意度。

这样，借助多方面的信息资源整合，在云计算背景下数字图书馆就能够获得一定的发展优势，吸引更多的读者，为图书馆在新时期的良性发展奠定相应的群众基础。

二、云计算环境下对数字图书馆服务模式的合理创新

对信息资源进行合理整合的主要目的是逐步提升图书馆为读者提供信息服务的质量，进而逐步增强图书馆的竞争力，促使图书馆在新时期获得更为良好健康的发展。因此在数字时代背景下，基于对云计算技术的应用，数字图书馆应该结合本馆服务对象的实际情况积极探索多元化的服务模式，对服务模式进行合理创新，保证本馆服务工作可

以获得读者群体的广泛认同,促使图书馆在云计算环境下真正实现持续稳定发展。

(一)全方位用户交互服务

在云计算环境下用户对信息技术的应用能力逐渐加强,开始将交互式信息服务作为自主获取相关信息的重要方式,并且更为关注在接受服务过程中交互性的设计,希望信息能够以双向互动的方式在信息提供者和用户之间进行广泛的传播。而基于对云计算技术的合理应用,数字图书馆可以借助云计算技术所创造的统一虚拟平台,为用户提供无障碍的信息借阅和查询服务,使用户可以随时随地地找到所需资源和图书馆管理人员,保证用户的需求能够得到充分的满足。同时,基于双向互动模式的应用,图书馆管理人员能够发现用户,并结合用户的信息需求情况对资源流向进行实时分析,进而与用户实现良好的交互,将用户隐性的知识转变为显性的体系,为教育教学质量的全面提升提供相应的保障。此外,在实际应用云计算技术的过程中,由于云图书馆具有一定的开放性和用户参与性特征,因此数字图书馆实质上也可以为用户提供一定的信息推送服务。以 Web2.0 服务方式为例,在实际应用云计算技术后,图书馆就可以借助对信息资源的整合和社交网络的联合,借助自动化的信息处理和网络分工逐步提升数字图书馆数字资源的实际服务质量,真正通过全面的交互促进图书馆服务水平的进一步提升,为新时期数字图书馆的良好发展提供坚实的保障。

(二)精准的智能信息检索服务

在数字图书馆应用云计算技术构建本地区内数据仓库对馆藏资源进行有效整合的过程中,对数据挖掘技术的探索和实践能够在一定程度上增强信息检索的智能化程度,进而借助动态内容方面的搜索引擎,实现对互联网中相关信息的深度挖掘,为用户提供主动分析、设计和改造的个性化资源服务,对资源服务机制进行全面完善。同时为了进一步提升数字图书馆信息检索服务的精准度,在应用云计算技术对检索系统进行适当的完善后,在用户输入要检索的信息后,系统能够结合用户的关键词自动搜索、权衡并准确判断出用户所需资源,在这一过程中系统借助复杂的计算和推理,能够保证答案的针对性和精确性,用户的检索效率可以得到进一步提升,对数字图书馆整体服务水平的提升产生着相应的积极影响。

(三)一体化的综合信息服务

云计算技术的应用和云计算环境的构建在一定程度上对数字图书馆的信息服务提出了更高的要求,希望数字图书馆可以实现用户的统一认证,并且对经过统一认证的用户发放数字证书,作为在网络中唯一用来识别用户身份的凭据。基于此,在凭借云计算技术全面了解用户群体的信息服务需求后,数字图书馆在实际发展过程中可以结合异构数据库的整合构建统一性的检索平台,让用户能够在多个平台上完成统一的查找和借阅,有效提升数字图书馆的信息服务质量。同时,借助对统一性检索平台的构建,不仅用户所获取的信息更为全面，并受到信息全面性的影响，读者对图书馆资源的利用率得到进一步提升，对我国图书馆事业的良好发展也产生着相应的积极影响。所以新时期基于云计算技术的应用在对数字图书馆信息资源服务模式进行创新的过程中可以尝试提供一体化的综合信息服务，为图书馆的健康稳定发展提供相应的支持。

综上所述，云计算背景下数字图书馆积极探索信息资源的整合和对图书馆服务模式的创新是数字图书馆的必然发展趋势，数字图书馆在实际建设过程中只有把握云计算技术的应用优势合理探索信息资源整合和创新服务模式的措施，能够在新时期满足读者多样化的服务需求，才能真正获得读者群体的认同，实现更好的发展，为我国图书馆事业建设贡献一定的力量。

三、互联网+数字图书馆资源整合模式

“互联网+”代表一种新的信息时代常态，并推动着一种新型互联网思维模式的演进。其过程更是一种传统产业不断升级、转型的过程，“互联网+”推动着社会各产业与互联网技术的融合，其动力来源主要在于大数据、云计算、移动互联网络等。互联网+数字图书馆的资源整合内涵也即是云计算、移动互联网、大数据等信息技术与数字图书馆的深度融合，并助力信息资源整合全过程，打造优化组合、利于检索、知识性高的资源整合模式。而“互联网+”环境下的数字图书馆资源整合模式主要有：基于OPAC的资源整合模式、基于异构数据库的资源整合模式、基于超链接的资源整合模式以及基于知识本体的资源整合模式。

（一）基于OPAC的资源整合模式

OPAC（Online Public Access Catalogue）联机公共检索目录，是数字图书馆最基本的信息检索途径。基于OPAC的信息资源整合就是以OPAC系统中的各类数字资源对象、类目及其相互之间的功能结构关系为基础，对数据资源进行加工、整合、分类、类聚，并通过这一过程，以数据资源为基础，产生一个向文献全文、文摘、类目、图像、音视频等各类信息资源扩展的全方位、立体化的资源体系。以提供方便快捷的一站式信息检索功能，其整合优势在于以OPAC系统为基础，使整个资源整合过程依托于整个数字图书馆管理系统，从而具有很好的系统资源基础，以及集成的系统架构。并且，在资源整合的过程中，基于OPAC的资源整合模式将“实体资源”与“虚拟资源”融于一体，构建OPAC整合模式的一站式检索系统，使数字图书馆中分散多样的信息资源整合到一体化的书目数据库中，形成方便快捷的整合型OPAC资源检索平台，如此，既给用户检索信息带来便利，又提高了数字化信息资源的使用价值及利用率。同时，基于OPAC的资源整合模式以Z39.50协议为基础，运用Open URL技术，对书名、文摘、全文实现可视化的、从资源内容到用户检索界面的全方位资源整合。并利用SFX、hook机制实现服务器链接功能，从而扩展本地数字图书馆资源的信息检索范围，实现资源的无缝链接，并与其他数字图书馆

的 OPAC 检索系统互联，构建异构互检操作平台，实现数字图书馆 OPAC 资源的全面整合，以最大限度地满足信息用户的一站式信息检索体验。

那么，随着“互联网 +”成为热点，数字图书馆在这一新的信息技术环境下，云计算、移动互联网、大数据技术的广泛应用，给优化 OPAC 资源整合模式带来了更强的技术支持。推动基于 OPAC 资源整合功能的改进与创新，“云”与“端”的资源利用，无论是 OPAC 上的云登陆还是云搜索，都将为用户呈现一种“云”模式下的 OPAC 整合架构中的一站式完美体验。例如，清华同方知网推出的 TPI 数字资源整合平台系统，完全兼容 MARC 标准、支持 Z39.50 协议、支持 XML 文件格式，支持统一认证和单点登陆，再加上移动互联网的技术支持，基于移动终端的 OPAC Web，更可以让用户体验足不出户的一站式检索。这些都完美验证了“互联网 +”对数字图书馆资源整合模式的优化支持作用，当然，进一步的优化还在继续。

（二）基于跨库检索的资源整合模式

跨库检索平台是指用户在一个检索系统界面上检索信息时，检索对象是针对多个同构或异构数据库，开展同一检索平台检索的过程，此过程称为跨库检索，这一平台也称为统一检索平台，它不仅可以完成一站式信息检索，检索出分布在多个数字图书馆或多个数据库系统中的资源信息，又能完成检索结果的集成，并统一可视化地展示在用户的检索界面上。其显著优点是在整个检索过程中，读者用户只需登录一次，就可以实现系统化、一体化的数字图书馆整合资源的全方位检索功能，既方便快捷，又大大提升了资源的利用率。

而“互联网 +”技术支持下，数字图书馆重点是对检索界面和异构数据库进行一站式系统整合，通过概率计算模型及向量检索设计模型对数字图书馆一次、二次、三次信息进行资源整合，目的是构建统一的检索平台，在这种一站式的检索系统中，实现异构数据的跨库无缝对接。例如，中国高等教育文献保障系统（CALIS）的特色数据库群，建立在可独立运行的各个特色数据库基础上，既具有可分布检索的功能，又是一个基于集中式元数据库的特色资源库中心门户，让用户只需一次检索，即可从所见数据库中获得所需信息。目前，云计算和移动终端的技术发展，无论是从资源存储、信息检索，还是终端界面方面都是基于跨库检索资源整合模式的强大后盾，并促使整合过程更加优化。

（三）基于超链接的资源整合模式

基于超链接的信息资源整合模式，是利用互联网络的超文本特性，通过超文本链接机制，将存在于异构资源系统中的信息实体及信息实体基本属性间的内在关系整合起来，组成一个有机的信息资源网络，以达到满足读者用户的一站式高效检索需求。其资源整合过程的优势在于，这一资源整合模式采用超文本链接技术，能够从多种关系进行定位和链接整合数字图书馆的网络信息资源。而在“互联网 +”环境下，云存储和大数据技术日益成熟，基于超链接的资源整合模式的优势则更加突出。云计算的"SaaS"及大数据的数据挖掘、知识发现技术也都是很好的超链接资源整合模式的支持技术。例如，数据库公司万方作为一个综合的数据资源整合平台，采用云图的方式直观地揭示当前的关注热点，使检索内容一目了然，使用户在云图上检索，能够清楚地了解研究热点。可以说，在"互联网+"技术的推动下，基于超链接的资源整合模式在数字图书馆资源整合事业中将突显更加突出的作用，为数字图书馆提供更佳的信息资源整合效果。

（四）基于知识本体的资源整合模式

知识本体的核心是对概念及概念间的相互关系进行描述与揭示，是一种对领域知识进行规范化的抽象与描述的工具和方法，是面向领域的通用概念模型。其本体概念关系类型主要包括领域知识本体、通用知识本体、应用知识本体和元知识本体。基于知识本体的资源整合模式就是基于领域知识本体、通用知识本体、应用知识本体和元知识本体等本体形式开展从资源概念、语义层对数字图书馆资源进行知识性整合，实现资源知识规范的抽象与描述，实现对资源的知识表示，以达到数字图书馆资源的知识性共享和重用。

相对于上述三种资源整合模式来说，基于知识本体的资源整合模式则是一种基于语义层的、更加知识化的资源整合模式，它是有利于数字图书馆数字资源整合向知识整合方向发展的一种整合模式。随着"互联网"环境的发展，云存储、移动终端、大数据分析技术等对于资源整合向知识整合发展起到超强的助推作用。基于知识本体的资源整合模式必将大大提高信息存储的知识含量，增强数字图书馆资源的知识价值，从而提高信息检索的效能。

"互联网+"代表着一个新的信息技术环境的演进，互联网+数字图书馆，也必然会支持优化数字图书馆的资源整合过程，改进和创新原有的信息资源整合模式，使"互联网+"环境下云计算、移动互联网、大数据等技术支持的数字图书馆资源整合模式更有利于数字图书馆信息服务能力的提升，以及数字图书馆资源利用率和用户满意度的提高。

第五节　网络开放学术信息资源整合建设

网络学术信息资源的广泛应用是网络和信息技术对学术领域全面渗透的结果，它补充并延伸了传统的学术信息交流，并和传统学术信息交流共同构成了一种复合式的学术信息交流环境。它不仅是对传统的学术交流体系的重大变革，而且对学术思想的发展和学术研究的重要性也日益突出，显示出强大的生命力。然而由于网络学术信息资源出版的分散性，以及数字信息资源的易拷贝、易扩散等特点，导致信息重复率高，无序性突出。与此同时，网上的学术信息资源缺乏统一的管理和描述规范，因此用户在方便获取大量信息的同时也增加了人工选择的难度，尤其是科研用户想要检索到切实有用的信息资源需要付出很大精力，这就大大影响了网上学术信息资源的利用效率。在这样的现实情况下，了解网络开放学术信息资源的概况，分析网络开放学术资源整合建设的必要性，提出其整合建设的政策措施，对推动网络开放学术信息资源的开发和建设具有十分重要的意义。

一、网络开放学术信息资源概念界定

谈到网络开放学术信息资源就不得不说网络信息资源，网络信息资源是指通过计算机网络可以利用的各种信息资源的总和。具体是指所有以电子数据形式把文字、图像、声音、动画等多种形式的信息存储在光、磁等非纸介质的载体中，并通过网络通信、计算机或终端等方式再现出来的资源。网络开放学术信息资源是网络信息资源的组成部分，但笔者界定的网络开放学术信息资源应该称之为狭义的网络开放学术信息资源，因为本节所探讨的网络开放学术信息资源不包括专门学术机构、学术组织开发的商业性电子期刊、电子图书及各类数据库，而专指人们借助于网络平台，将各自的学术思想、学术成果等经网络汇聚并在开放的环境中进行讨论、交流的学术活动中产生的信息资源。这种网络学术信息资源是完全免费且通过网络能够自由获取的，其形式多样，包括开放获取资源、学术博客、学者个人主页、学科专业论坛、学科专业网站、网络免费会议文献、学术新闻等。

现在学术界对网络开放学术信息资源整合建设的研究逐渐增多，尤其是对OA(OPen Access)资源整合的研究，无论是高校图书馆、公共图书馆、专业图书馆抑或是个人都不同程度地对OA资源整合进行研究且将其付诸实践，扩充并丰富了自己的馆藏资源。个别单位对学术新闻、会议资源等也有不同程度的整合建设。比如，中科院国家科学图书馆的“科技新闻聚合服务系统”以及在建的“重要会议开放资源采集与服务系统”，都是对网络免费学术信息资源整合建设的典型案例。然而对其他类型开放学术信息资源整合建设实例却鲜有见到，这在一定程度上影响了网络学术交流的顺畅进行，在现在开放的环境下，对类型各异的网络开放学术信息资源进行整合建设，对丰富学术交流环境大有裨益。

二、网络开放学术信息资源整合建设必要性分析

（一）用户多样性信息的需求

随着网络的发展和普及，广大的科研用户获取信息的渠道不再仅仅限于图书馆等信息服务机构，而是更多地转向互联网。科研主体主要有高校教师、科研院所的研究人员等，他们一般都是集教学和科研为一身并承担着不同学科领域的专业教学和专题研究任务，他们需要了解和掌握本学科、本专业、本专题领域的现状和发展趋势，并时刻关注着科学发展的最新动态和前沿成果，所以他们迫切需要利用方便、快捷、丰富的网络学术信

息资源获取各种动态性、系统性和综合性的学术信息。在新形势下互联网已经成为各科研人员获取信息的主要途径，但互联网上学术信息资源纷繁复杂，给科研人员检索利用都带来很大不便，基于这一现实整合网络开放学术信息资源系统是满足其需求之策。

（二）OA免费资源的兴起

开放获取（Open Access）是一种学术信息自由共享的理念和出版机制，在这种出版模式下，学术成果可以无障碍地进行传播，任何科研人员可以在任何地点和任何时间不受经济状况的影响自由免费地获取和使用学术资源 [4]。目前开放获取运动已得到广大科研用户的承认和青睐，无论是国内还是国外都在积极推动开放获取运动的发展。可以说 OA 运动的发展为我国网络学术交流提供了一个发展契机，人们在获取 OA 资源的同时，开始关注其他网上免费学术信息资源，同时也激起了人们对其他网络学术信息资源开发和利用的热情，并且在理论和实践上积极行动。

（三）网络资源长期保存的需要

网络信息资源是我们这个时代社会的见证，如果不进行保存，我们就会失去我们的社会记忆。网络上资源类型复杂，种类繁多，对其长期保存要有选择性。传统文献资源的出版具有局限性，网络出版具有随意性，网络信息资源的质量难以保障，所以对网络开放学术资源的整合建设，就要选择合适资源，对信息资源的学术性和质量等都有要求，因此网络开放学术信息资源整合建设也有利于网络信息资源的长期保存。

三、网络开放学术信息资源整合建设的总体目标

网络开放学术信息资源整合建设是从网络学术信息资源获取利用的困境中提出来的。它既是图书情报界、企业界等领域网络学术信息资源建设的重要任务，也是网络资源建设领域的一个重要的研究课题。对网络开放学术资源整合建设，首先要调研资源现状：分析网络开放学术资源的类型、分布情况，组织发布方式，是否实现了整合，整合的程度如何等。调研的目的是对各类型网络开放学术资源能有计划地开发建设，建立比较完善的网络开放学术信息资源的整合建设体系，实现对开放获取资源、学术博客、学者个人主页、学科专业论坛、网络免费会议文献、学术新闻等开放学术资源的采集、标引组织、保存以建立各类型资源的数据库系统。

中国科学院现正在对开放教育资源、社会经济数据、开放会议文献、综合科技资源进行建设，在已有的技术和成功经验借鉴下，有必要对其他类型开放学术资源进行有计划、有步骤的建设，且在分散建设基础上整合，以发挥网络开放学术资源更大的作用。为了将其实现，可将网络开放学术资源纳入信息资源建设的体系中，在现有 NSTL 国家科技文献保障体系基础上，联合高校系统、国家图书馆，完善国家级的文献保障体系，同时加强综合科技开放资源的建设和合作，在初具规模和体系后，纳入国家平台，并长期保存，

持续建设，与各种购置的文献资源一起，完善国家科技资源保障体系。

四、网络开放学术信息源整合建设机制

网络开放学术资源整合建设机制，从两个方面分析，一是对分散尚未整合的资源，进行采集、标引、组织和保存，二是对已部分整合的资源，直接拿来利用或采用集成建设的方法。

（一）从资源的发现获取、评价遴选、采集、标引组织等方面，合理规定分散资源的建设机制

1. 动态的发现获取网络学术信息资源，从跟踪重要学术机构和权威发布机构、官方网站、知名学者专家主页等方面入手，并通过搜索引擎、开放学术资源门户网站、学科门户网站、用户调研和推荐等多种途径，掌握主要网络开放学术资源的类型、数量、发布形式、内容特征、分析总结不同类型、不同来源的开放学术资源的发现途径和方法。

2. 对资源质量进行评价，对资源的真实可靠性进行甄别，选择有价值、符合网络开放学术资源规范的整合类型。在用户需求调研和资源调研的基础上，参考期刊、会议文献等传统资源的遴选评价指标体系的研究成果，完善用户参与的分析、评价和遴选机制，确定开放学术信息资源的遴选原则和定性、定量分析评价指标。网络开放学术资源遴选应遵循资源建设的原则，遴选有权威性、前沿性和准确实用的开放学术资源。

3. 合理制订开放学术资源采集标准和规范，根据网络开放学术资源的特点，采用差异化的采集策略，拟定不同来源、不同类型开放学术资源题录信息或全文资源的采集规则与采集方法，设计合理规范的采集流程。因为分散的网络学术资源一般没有经过规范化标引组织，所以无论采用何种方法采集，可能都需要人工的后处理，对资源进行查重和规范化描述。

4. 标引组织：制定全面可操作性强的元数据规范，对不同类型的网络开放学术资源进行规范化的描述，在资源的组织层面实现异构化资源融合，为后期资源集成做准备。实现所有类型网络开放学术资源的整合是个很庞大的任务，要采取协同合作的方法，主管部门制定统一标准，合作单位负责具体实施，在统一调度下保证方案的完成，这同时也避免了重复建设。

（二）已有资源整合系统的主要建设工作是系统集成

对已实现整合的资源系统，要分析整合系统具体情况和规模，整合资源类型、数量等，遵循开放接口标准与协议和元数据标准等，选择最优集成方法。

对网络开放学术资源建设的最终目的是实现所有系统的集成，最终实现多数据库同时检索，分数据库显示检索结果，建立网络开放学术资源共享平台，实现一站式的检索服务。

网络开放学术信息资源作为一种重要的信息资源，如能对其规范整合建设并提供给科研用户使用，将对学术交流活动产生重大影响。但由于技术、基金、政策等方面问题的限制，现在国内对网络开放学术资源建设仅限于个别类型资源，还没有对所有网络开放学术资源整合建设实例。本节从网络开放学术资源概况、整合建设必要性、整合建设的目标等方面论述了网络开放学术资源整合建设的重要性，期望能对网络信息资源建设起到启发性作用。

第六节　高校档案信息与图书馆信息资源嵌入式整合

《中华人民共和国教育部、国家档案局令（第 27 号令）》（2008 年）规定，档案文件材料的归档门类主要包括：党群类、行政类、学生类、教学类、科研类、基本建设类、仪器设备类、产品生产类、出版物类、外事类及财务类。高等学校可以根据学校实际情况确定归档范围。归档的档案材料包括纸质、电子、照（胶）片、录像（录音）带等各种载体形式。高校档案是高校重要的信息资产，各个部门在教学、科研、管理等职能活动中形成的各种形式和载体的档案文件材料，具体而生动地反映了学校发展的历史轨迹，是学校各项工作的最为直接、最为真实的历史记录。高校档案馆是负责永久保存和提供利用本校档案的科学文化事业机构，是学校档案信息资源的保管和利用中心，是进行爱国主义宣传的重要基地。档案馆属于学校档案工作的职能管理部门，是学校工作的组成部分，对于提高学校工作效率和教育质量、维护学校历史真实面貌发挥着举足轻重的作用。

档案管理为学校领导决策及学校整体发展提供可靠的参考依据，许多工作的开展都离不开档案工作的支持，档案工作已成为学校建设的重要组成部分。同时，高校档案馆与图书馆一样，共同承载着“保存高校记忆，传承高校历史”的职能作用。但是，长期以来，由于档案信息与图书馆文献信息属性的差别和管理模式上的不同，档案文献与图书馆文献的分类方法与体系不尽相同，使得档案信息与图书馆文献信息分立而制，大量的档案信息存而无用，更不用说二者的共享利用与开发。尽管随着档案信息分类 - 主题的一体化建设和图书馆文献分类 - 主题一体化的发展，图书、档案一体化建设与研究、实践有了长足的发展，但是因二者的分立，资源共享的程度远远不能满足公众的需求，档案资源的开放程度以及二者资源的融合建设还存在相当多的问题。本节拟就高校档案资源嵌入图书馆信息资源融合建设与服务进行探讨，以期促进高校档案信息资源的进一步开发与利用。

一、高校档案工作现状

全国高校中最早成立档案馆的大学是中国人民大学档案馆，成立于 1954 年。我国高校档案馆迅速发展于 20 世纪 80 ~ 90 年代，如南京大学、四川大学、武汉大学、中山大学等。目前我国高校档案馆馆藏资料门类主要包括党群、行政、人事、教学、科研、基建、出版、外事、财会、声像、人物等各类档案。笔者查检了北京大学、北京师范大学、南京大学、四川大学、武汉大学、湖南大学、中山大学、兰州大学、宁夏大学等十几所高校，一斑窥豹，以了解我国高校档案工作的基本情况。

南京大学档案馆成立于 1986 年，现有馆藏档案逾 15 万卷。目前，已实现了部分馆藏多媒体档案数字化、档案信息管理数据库化和档案信息查询网络化。南京大学先后建成了 20 多个机读档案全文和档案目录数据库，可以在互联网上进行电子文件全文自动著录、自动标引、各种格式的档案全文、照片、录音、录像等多媒体档案的远程录入与文件图片。并且在南京大学校园网上建立了“南京大学档案馆”和“南京大学校史博物馆”主页，已面向社会发布了 50 多万条信息，网站访问量达 628 多万人次。

四川大学由原四川大学、原成都科技大学、原华西医科大学三所全国重点大学经过两次合并而成，故现四川大学档案馆亦由这三所高校的原档案馆合并而成。四川大学档案馆馆藏档案共 22 个全宗，25 万余卷，馆藏文献资料丰富，内容覆盖面广，时间跨度长。其馆藏档案连续完整地记载了四川大学从建立至今的发展历程，涵盖的内容广泛，包括四川近现代高等教育、文化医疗、科技产业、对外交流等多个方面的资料，其中不乏珍贵收藏。尤其是馆藏的历史档案 1 万卷，更是研究近代中国西南地区文化教育史、宗教史和中西文化交流史的宝贵资料。四川大学档案馆（校史办公室）有档案馆和校史展览馆两栋楼，建筑面积达 8800m2，是全国高校中规模最大、馆藏最多、内容最丰富的档案馆之一，而校史展览馆更是目前全国高校中建筑面积最大的独立的校史展览馆。档案信息的查询服务方式主要有到馆查询、电话与邮件查询以及预约到馆查询三种。

复旦大学档案馆成立于 1988 年，馆舍使用面积逾 2000m2，截至 2008 年底，案卷总数逾 25 万卷。现已实现档案库房环境的全自动智能控制，并在电子校务环境中实现了档案信息资源的综合管理，是全国高校中完成较早的，但是目前没有检索功能。

湖南大学于 1983 年成立档案馆。一直以来，非常注重档案的收集整理工作，确保各类文件材料收集归档完整、齐全、真实、系统、规范。截至 2011 年底，共有各类纸质档案 122548 卷册和 81917 件张，纸质照片档案 78780 张。湖南大学档案馆以“利用为本，服务至上”为理念，通过多种方式，不断拓展服务范围。近几年来，每年接待人数已超过 8000 人次，利用档案案卷超过 10000 卷。湖南大学档案与校史馆非常注重档案的信息化建设。档案编目、登记、统计等全面实现了计算机管理。馆藏档案已基本实现了案卷的目录级管理，机读案卷目录近 8 万条，机读文件目录近 50 万条，基本上实现了计算机检索，2002 年开通了档案馆门户网站。截至 2016 年 5 月 14 日，总访问量达 677633 人次。

北京师范大学档案馆成立于 1990 年，现有档案资料近 15 万卷。馆藏档案采用组织机构年度的立卷方法，查阅档案实现案卷级及卷内目录级检索，部分档案进行了数字化，建立了档案馆门户网站。

兰州大学档案馆成立于 1988 年，现有馆库面积 1433m^2，馆藏 13.9 万余卷（件）。无独立门户网站，隶属于兰州大学门户网站，自动化检索体系正在建设中。宁夏大学档案馆成立于 2003 年,馆舍建筑面积 320m2。

国内大部分高校的档案馆都建立了馆内局域网,安装使用了档案管理软件。部分高校建立了档案馆网站,如南京大学、四川大学、北京师范大学等;个别高校开通了官方微博,如中山大学。为了实现档案业务建设的规范化和标准化,结合贯彻落实《高等学校档案管理办法》(中华人民共和国教育部、国家档案局令第 27 号),各馆制定或完善了《档案管理办法》《档案实体分类实施办法》《电子文件归档管理办法》《人物档案管理办法》《档案安全保密制度》《档案鉴定销毁制度》《档案库房管理制度》《档案管理考核办法》等规章制度。在档案文献著录与标引方面,基本采用《纸质档案数字化技术规范》(DA/T 31-2005)、《公务电子邮件归档与管理规则》(DA/T 32-2005)2005-04-30、《电子文件归档与管理规范》《照片档案管理规范》(GB/T 11821-2002)、《档案缩微品制作记录格式和要求》(DA/T 29-2002)、《归档文件整理规则》(DA/T22-2000)、《照片档案管理规范》(GB/T 11821-1989)、《档案主题标引规则》(DA/T19-1999)、《档案著录规则》(DA/T18-1999)等。

二、高校档案资源建设存在的问题

总体而言,我国高校档案馆发展建设不同步、不均衡,普遍存在以下问题。①对档案管理不重视。一些高校领导以及部分图书档案馆的领导对档案的重要性没有足够的认识,缺乏档案建设工作的主动性,不重视档案的管理工作和日常细致的收集。②档案管理制度不健全。许多高校没有建立档案收集、存储、整理、加工等管理规章制度,使得存档档案残缺,没有完整地建立一套齐全、有层次和分类整齐的档案资料体系,影响档案的使用效率。③收藏档案形式比较单一。目前许多高校档案馆藏仍以印刷类纸质档案为主,其他载体如电子档案的种类和数量相对较少。④对档案价值的重要性缺乏严格的分级(特重要、重要、一般、较轻等)。开放性档案在档案文件中占据相当的数量,一些档案文件时效性很强,价值有大有小,因此,在收藏管理中应给予科学鉴定、分级管理。但目前,很多高校档案馆不管档案的来源、时效性和价值大小,均不分类别地存放在一起,没有通过必要的管理程序来确定各类档案资料的准确性、价值性和保管期限,一方面造成档案管理和档案利用的困难,另一方面使得档案文件的时效性和价值不能被充分利用。⑤缺乏与图书馆资源的共享,利用途径单一。同为高校信息中心,但二者完全独立。大部分高校图书馆有网站,而档案馆有网站的少;二者网站也鲜有链接。⑥档案管理的信息化程度低。当前,多数高校档案资源的管理和保存还是以纸质媒介文献和传统的收藏管理为主,电子文献较少;建立网站的不多,一些即使建立了网站,其栏目简单,只提供简介,不能查检;或网页打不开。随着社会信息化深度和广度的不断发展,档案管理的建设没有相应的硬件和软件来支撑,导致优质的档案资源得不到有效的利用。⑦工作人员缺乏对职业和高目标的追求,专业素质低,业务技能欠缺,满足于低水平的服务,缺乏强烈的进取心和竞争意识。

三、高校档案资源嵌入图书馆信息资源系统研究

（一）档案信息资源与图书馆信息资源一体化融合

档案著录是揭示、认识档案及其信息的一种方法，是科学管理档案的基础，是档案系统化、条理化的中心环节，是深入开发档案信息资源的必要手段。我国档案分类工作历史悠久，殷商时期已有保存档案的萌芽；周代因为分官执掌、各守其职，形成了以职官为档案的分类标准；汉代形成按历史时期结合部门的档案分类方法；宋代出现了时间分类法、组织机构分类法和内容分类法的雏形；清嘉庆年间的《清离东大库分类目录》是我国档案分类史上现存的第一部大型分类目录，内分 25 类，多以年代为序。长时期内，人们一直把档案分类看作一种工作、一种方法、一种技能而加以研究，尽管档案分类法始终是档案分类应用与研究的重点，也是档案分类学的主体，然而在“互联网”环境下，传统的档案分类方法已不能满足人们随时随地“触网”的需求。因此，探索新技术条件下档案信息与图书馆信息资源的一体化著录是实现档案信息与图书馆信息共享的前提。

现代档案著录源于图书著录，可以说档案著录与图书著录同源。因此，可以将图书馆信息资源的著录与揭示方法移植到档案信息资源的著录与揭示中。

1. 利用档案主题词表与图书文献主题词表映射，元数据和著录的兼容与扩展，深化档案信息在图书馆 OPAC、博物馆 OPAC 中的揭示度。将档案信息著录的一些特定元数据与图书馆信息著录元数据相兼容，如主题词、关键词、人名、组织机构名称等，使读者在图书馆信息检索系统输入这几个字段就能够查检到相关的档案信息，也就是说，在图书馆信息检索系统中能够显示相关的档案馆馆藏信息。比如，在图书馆的检索平台查找“马鸿逵”的相关资料，不仅能够检索到图书馆所藏“马鸿逵”的文献信息，也可以检索到档案馆所藏有关“马鸿逵”的档案资料。

2. 目前，相当一部分图书馆在使用书目记录的功能需求（FRBR）模型，该模型将与书目数据相关的实体分为三类，详细分析了实体的相关属性和关系。三类实体分别是：第一类书目实体，包括作品、内容表达、载体表现和单件；第二类代理实体，包括个人、家庭和团体；第三类主题实体，包括概念、实体、事件和地点四个方面。基于实体 - 关系的 FRBR，理清了许多书目属性的隶属关系。在计算机和网络技术下，档案馆采用 FRBR 有益于将档案信息带入网络世界，并有益于促进与图书馆信息的融合。

（二）建立公共档案信息共享平台

目前，我国高校档案馆建有网站的并不多，且平台功能设计相对简单，内容相对粗浅，不仅没有与图书馆网站的合作，且各高校档案馆之间也没有共建，各自为政。因此加快数字化档案建设进程，建立整合的服务平台是当前高校档案馆建设的重要举措。

以档案信息资源社会共享为目标，以“统一规划、服务大众、资源共享”为原则，依托

互联网，链接图书馆、博物馆，构建公共信息共享平台，大力建立与开发分布式开放档案数据库、公共档案专题数据库等，实现公共档案信息在档案馆的管理与查询，在数字图书馆的查询利用，在博物馆的展阅利用，全面解决公共档案信息资源的整合、发布、管理与查询利用等问题。构建区域性、分散式、规范化、超市型档案信息资源的共享体系，提供在线查阅、外借和复制服务，最大限度地满足大众的档案信息需求。广州大学图书馆与广州市人民政府政务管理办公室、广州市档案局合作，对政府信息资源进行整合，开发了《行业分析报告》《企业名录》《经济社会年鉴》《中外经贸类专业数据库》等文献资源，不但为相关行业提供了丰富的决策参考资源，也彰显了新时代情报工作部门的服务价值。这一案例为高校档案馆与图书馆的共建共享提供了有益的借鉴与参考。

（三）解决制约档案信息共享利用的技术问题

1. 利用中文分词技术、查询扩展技术、信息聚类技术、数据挖掘技术以及语义关联技术等相关技术，在档案信息领域实现查询扩展，提供关键词检索，并结合各种来源的检索词，建立词库进行关联。实现档案信息资源与图书馆资源、博物馆资源的共享，最大限度地便利于大众的查检利用。

2. 利用云、移动通信、大数据等技术，建立多服务渠道，实现档案信息在电脑、手机和图书馆的查询检索，提供原文查看、借阅等服务，在档案文化的传播方式上，采取更多有效措施，帮助大众更好地贴近和利用档案。

（四）拓宽宣传渠道，加大宣传力度

与图书馆相比，档案馆的利用率明显低很多，这一方面与长期以来档案馆担负的保密职能有关，给人一种神秘的感觉，是不易涉足的场所；另一方面，也与大众利用档案、维护自身权益的意识不足有关。很多时候，大多数学生不曾留意，有那么一份档案，静静地躺在学校档案馆的某个橱柜中，如实地记录着他们的点点滴滴，和他们一起经历求学、择业、就业，并伴随一生。这就是学生人事档案。人事档案作为记录个人学习经历、工作经历、考核奖罚等内容的文件材料，在择业、就业、职称评定、转正定级、办理养老等社会保障以及开具出国、考研有关证明等方面发挥着凭证、依据和参考作用，在个人权益保障方面，起着举足轻重的作用。

档案馆有大量政策性档案、社会保障档案、户口管理档案、学籍档案、人事档案等资料，但是人们并不是很了解。因此，使用更多的方式方法，大力宣传档案馆的职能与作用会是今后相当长一段时间内高校档案馆与图书馆的任务之一。

（五）加强档案管理人员的业务素质

为了使高校档案工作跟上时代发展的要求，必须转变当前高校档案事业的用人观念，改善从业人员构成，建立人才培养机制，提高从业人员的业务素质与专业技能。

西班牙国王胡安 · 卡洛斯曾说，“档案馆是保存人类记忆的各种表现形式，保存社会

记忆、个人记忆的最权威场所”。没有档案馆，人类发展将失去应有的记忆支撑。一所高校是一个地区文化教育的殿堂，是一个地区、城市文明的标志。作为高校发展过程中真实记录的档案是高校发展轨迹的记忆载体，也是城市记忆的重要组成部分。因此，将高校档案文献资源建设纳入“城市数字记忆工程”，与数字图书馆建设有机整合，充分利用网络技术、云技术、移动技术等现代媒体与通信技术，以及语义关联技术、元数据、数据挖掘与揭示技术等，搭建一个科学有效的、可综合利用的、便利使用的信息资源平台，让档案信息得以最大化利用，应是档案人员与图书馆员努力的一个方向。

第七节　“互联网 +”时代文献信息的整合、共享创新

所谓的文献信息管理，离不开文献收集、文献分析以及文献分享这三大阶段，一个完整的文献资源管理系统的雏形在这三大阶段中逐步形成。图书馆也不断与时俱进，跟随着国家政策的变化不断做出调整。例如，图书馆提出的“互联网 + 图书馆”的方针，正是顺应了国家新实施的“互联网 +”政策。作为新生时代，“互联网 +”具备多种优势特点，如跨界趋融、创新改革、重整框架、以人为本、尊重自然等，为图书馆文献信息管理的发展提供了一个契机，有利于图书馆文献资源信息整合以及资源的共享创新，从而实现在“互联网 +”时代下传统文献与数字资源的多元整合、共建共享、互联互通和应用创新。

一、“互联网+”环境下读者文献资源需求的新特点

（一）对文献资源的内容追求层次化、表现形式丰富

在“互联网 +”普遍传播下，读者对信息的需求发生变化也是日益更新，倾向于内容层次化、形式多样化等。①在满足图书馆本身读者对文献资源的需求这一前提下，许多通用的图书馆之间以“互联网 +”为契机，通过建立馆际互接、共享资源这一广大平台，为更多的通用的图书馆提供更多的文献资源。读者只需办理简单的互借手续，即可享用多个通用图书馆的文献资源，实现了信息整合、共享创新的理念。②相比传统的纸质书籍、报刊，普通读者的需求已发展到对电子期刊、电子书等数字信息化的追求。对此，读者可以通过接触电子版的文献资源，可享受到纸质版无法提供的音乐、短片等微缩视觉或是听觉的资源。比如，在图书馆管理中，为了更好地满足读者对数字信息化的需求，通过提供移动服务设备来丰富信息整合的多样性，类似的有超星移动图书馆、龙源期刊网等。③广大读者、社会人士接触信息的最大服务平台是通用的图书馆，为其提供丰富的服务资源，愉悦身心。在图书馆中，文献资源的获取是大部分读者对其的基本要求。但同时，读者还可以通过图书馆自身静谧环境接受熏陶，得到身心的放松。

（二）用户的体验性应放在文献资源建设的首位

用户的体验性在“互联网 +”时代，在图书馆中的位置日益凸显。针对以往的图书馆

学科领域，用户体验性更为重要，应慢慢渗透到详细的业务流程中，实现文献资源共享创新的理念。任何信息资源的整合必须以读者的需求为前提，例如图书的收集、采访、编目等环节都要遵循该理念。同时，图书馆的文献资源不能一成不变，不仅要结合自身文献馆藏资源的现状分析，以学科馆员推荐、读者线上线下互动推荐等渠道，不断将文献资源丰富更新。与此同时，为了让图书馆的文献资源得到充分利用，使文献信息得到广泛的传播，可以通过阅读推广等形式，节省读者寻找书籍的时间。为了更好地贴近读者的需求，提升文献资源的共享创新性，以线上线下互补的形式也不失为是一种图书荐购的好方法。

二、图书馆文献信息管理在“互联网+”存在的问题

（一）文献信息管理思想落后

在图书馆的立足点上，满足读者的信息需求以及实现资源共享创新是图书馆的重要要求。图书馆的角色随着“互联网 +”的推广，也从“藏书阁”转变为“信息中心”，文献利用率是图书馆目前对文献资源的管理目标。为了实现该目标，应摒弃以往的服务理念，更应追求现代的“互联网 +”技术，通过一套完整的网络信息技术的设备配套来加强图书馆文献资源建设，实现信息整合与共享创新的理念。

（二）文献信息管理方式单一

①文献资源单一、体系完善不到位。以公共图书馆为例，读者吸引力以及文献资源的价值都与文献资源的丰富性直接关联。从另外一方面看，由于公共图书馆面对对象的局限性，文献资源多为纸质文献，缺乏媒体文献资源等其他类型的资源。②信息化推广不到位、服务停留于表面。就目前情况来说，普遍的图书馆仍停留于较为传统的文献检索方式，读者无法感受到由“互联网 +”带来的变化，例如可以随时随地检索文献资源。③文献信息管理人才缺失。在“互联网 +”时代中，文采与技能兼备的人才正是图书馆所欠缺的。目前大多数图书馆对文献信息管理人才的培养以及重视度不够，导致在文献信息管理水平中处于一个尴尬的位置，不利于图书馆后期信息的整合以及共享创新的发展。

三、图书馆文献信息管理的创新理念与方式

（一）强化共享意识，实现数字资源与传统文献的多元整合

在“互联网 +”环境下，文献信息资源的数字化是传统文献资源体系的必然结果，文献信息资源的一体化建设有助于文献资源的共建共享。对文献资源进行多元化整合，说明每一个共建单位都需要从网络的角度去重新认识图书馆的文献信息资源发展，首先就需要具备共享意识，为文献资源的共建共享消除思想障碍。此外，图书馆中的所有文献

信息资源建设应当有机结合起来，共同创建文献共建共享中心，建立共享机制，并根据图书馆自身的情况，制定数字资源建设的发展规划，从而实现与传统文献的多元整合。

（二）“互联网+”环境下图书馆数字资源应用创新发展

1. 强化图书馆文献信息管理的整合性服务应用创新。相比于以往的到馆接受文献服务，整合性服务作为一种新颖的文献信息资源服务模式，能够在更大范围内为读者提供信息资源共享服务，以读者的需求为中心，以数字化手段和信息化平台呈现信息资源的综合服务，为读者提供全程化服务。对此，图书馆不仅顺应互联网发展趋势，同时要紧贴读者的信息需求等。

2. 强化文献资源管理系统集成建设。为了实现内部层次的深度趋融，“互联网 + 图书馆”是图书馆强化建设的最佳途径。图书馆的文献资源可以借助“互联网 +”带来的一套完整的信息化技术的文献资源平台，充分发挥其优势，不断形成图书馆的网络管理与服务管理一体化。例如，从图书馆的文献信息管理模式、文献资源的检索系统、文献提供的来源等方面来加强建设。

3. 完善科学的人才培养机制。“互联网 +”对图书馆的冲击很大，要求在人才需求上有更高质量，严格控制馆员的层次变化。人才的培养首先从招募的源头开始出发，使用严格的机制选取合适的人。同时，为了挽留高素质的人才，可通过优惠政策等方式进行，但在用人上必须采取严格的标准，筛选不合适的人才，提升图书馆文献信息管理人才的素质。此外，图书馆通过开展定期的素质培训，提高在馆的馆员管理能力以及素质，为图书馆文献信息管理创新提供优质的、专业的人才队伍。

通用的图书馆服务内容与服务方式在“互联网 +”环境下应不断改革创新，提升图书馆的文献资源管理水平，同时摒弃传统的服务理念。一般情况下，图书馆都要从自身的馆藏特色出发，借助互联网信息技术平台，充分实现“互联网 + 图书馆”的目标。相对于传统的文献资源管理，图书馆应顺应“互联网 +”时代的发展，从纸质版的文献资源迅速转变为电子版文献资源，在文献资源建设中实现数字化、信息化、现代化三大主旨理念。

第八节　云环境下的数字图书馆知识管理

进入 21 世纪以来，信息技术迅猛发展，网络媒介成为人们获取信息的主要方式，也是拓宽知识渠道的新方法，如维基百科、谷歌搜索、百度知道、微博等。数字图书馆就是将原来的图书管理模式整合到网络上的一种新方法，它是对以往图书管理模式的创新应用，可以对海量的信息进行集中处理，为人们提供一站式的知识服务，实现检索即所得的一站式服务。当然，由于图书馆书籍数量之多，信息种类之丰富，要做好海量信息的统一管理并非易事，需要具备较强的能力，可以存储大量信息，具备信息传播的能力。云环境架构技术和服务水平较好，能够储存大量的信息，基于该种方法可以延展服务空间，做好信息传播和服务，集中整合知识信息，使数字图书馆朝着更科学的方向发展。

一、云计算与知识管理

（一）云计算

云计算属于分布式处理技术中的一种，它能够实现并行处理和网络计算发展，也是数据存储和服务中非常重要的一种方式。在实际运行中，云环境可以向外部提供抽象的虚拟信息，各种服务工作都给予远程系统分分布管理之上。另外，通过互联连接起来的分布体系，可以动态化扩展硬件、软件和各种资源，以服务的形式对外提供信息。用户则可以通过网络系统访问互联网平台，获得想要得到的知识，及时更新软件数据。

（二）云计算视角下的知识管理

与以往的知识管理的方式不同，云计算视角下的管理提供的服务更加到位，可以向用户直接提供知识产品，实现一站式服务。Kaas 位于服务架构的最顶端，是在 Iaas、Paas 和 Saas 基础上实现的，不仅需要存储资源、计算资源的支撑，还要依赖开发部署平台，对各种数据进行集中使用。

二、云环境下的数字图书馆知识管理方法

云计算手段的提出对数字图书馆的发展提供了新的思路，拓宽了知识管理的渠道，且在云环境下的图书馆知识管理也是资源集成化管理的一种方法，直接向用户提供知识信息和检索目标。在实际管理中包括的具体方法如下：云环境下多元异构馆藏资源的语义揭示、云环境下馆藏资源异构本体的集成、云环境下馆藏资源的语义智能匹配和云环境下面向用户需求的馆藏资源集成等几个步骤。

具体来说，“云环境下多源异构馆藏资源的语义揭示”主要是实现对多源异构的馆藏资源的语义揭示和索引，生成一个相关领域的局部本体，其是云环境下数字图书馆知识管理的基础；而“云环境下馆藏资源异构本体的集成”则主要是实现对异构的馆藏资源局部本体进行合并，最终生成一个覆盖所有数字图书馆馆藏资源的语义覆盖网络，该步骤是实现云环境下数字图书馆知识管理的手段；以上这两个步骤主要是从资源的角度对信息资源进行集成（也即语义层次的深度集成）。而“云环境下面向用户需求的馆藏资源集成”则主要是在馆藏资源语义集成的基础上，从用户的角度，实现面向用户的按需动态集成，其是实现云环境下数字图书馆知识管理的目的。“云环境下馆藏资源的语义智能匹配”主要是实现用户需求模式与馆藏资源的语义覆盖网络的相似度计算，以实现对馆藏资源的调度，它是实现云环境下数字图书馆知识管理的关键，是连接馆藏资源与用户需求的纽带。

三、云环境对数字图书馆的影响

（一）影响信息资源

云环境可以存储大量的信息，容纳海量的数据，资讯及时更新。此外，云环境也具备较强的优势特点，能够实现安全数据的存储，采取自动化同步信息的方式，基于 web 系统进行数据的备份。另外，通过权限管理和数据的共享，则无须担心网络受到病毒感染而造成数据丢失的现象。在信息的集成上，云环境的优势也更加突出，它能够将庞大的信息与互联网协同起来，防止资源重复使用问题的出现，并丰富数字资源。

（二）影响信息用户

现如今，我国百姓对文化的重视度不断提高，人们需要获得更多的资讯，追求个性化的发展。云环境为用户提供了便捷的服务，人们能够更好地进行学习，建立庞大的信息系统，为用户提供 24 小时不间断的服务，借助系统工具软件，用户可以直接参与学习，快速聚合资源。

（三）影响信息人员

云环境所具备的强大的网络服务功能是其他技术无可比拟的，这对于数字图书馆管理人员也提出了更高的要求。相关人员需要为用户提供良好的服务，运用计算功能和服务功能更新技术管理办法，进一步创新服务，做好工作指导。

近年来，云计算环境逐渐成熟和发展，对于数字图书馆管理任务也提出了新的要求。要做好云环境下的知识管理，就必须发挥云计算资源的优势，管理好资源内容，突出技术优势，从而让数字图书馆得到更好的发展。

第二章 网络环境下的现代图书馆

第一节 网络环境对图书馆的影响

一、网络环境对图书馆的总体影响

随着网络技术和信息技术的飞速发展，网络环境越来越紧密地将信息用户、信息资源、信息服务系统联系起来，为人类社会营造了一个前所未有的信息空间，同时也给图书馆带来了难得的发展机遇和令人振奋的挑战。在网络环境下，图书馆必将受到多方面的影响，需要认真辨析；图书馆所处的地位和所起的作用，需要重新审视；图书馆的五大要素——图书、读者、馆员、设备和方法等方面的内涵在不断转变和深化，也需要重新诠释。网络环境对图书馆办馆理念、馆藏发展、建筑设备、馆员工作、信息用户、信息整序、服务方式、内部管理等方面产生了重大而深远的影响。

（一）对办馆理念的影响

理念是先导，正确的、先进的思想理念是促进图书馆事业发展、提高图书馆工作效益的强大动力。网络环境的到来，彻底打破了传统的办馆理念和办馆模式。传统图书馆时期“馆本位”和“书本位”的观念一直占主导地位，而且只追求单个图书馆藏书体系的完整和系统，以满足本单位、本系统或本地区信息用户的各种需求。

网络环境促进了图书馆的变革，新思想、新理念被广泛引入图书馆界，开阔了图书馆人的视野，拓宽了图书馆人的思维。最显著的变化就是从“等待信息用户到图书馆来”为其服务转变为“走出图书馆到信息用户中去”为其提供服务。随着网络化的发展，使图书馆“拆去围墙”面向全社会开放式服务。这些新理念主要包括：建立图书馆的协作化和网络化，使其在信息交流过程中成为不可分割的联合体的“大图书馆”；建立通过对信息资源的重组、整合和分层次加工，使之成为具有高质量、高水平、高智能含量的信息产品的“开发意识”；建立具有充分利用馆内外的一切资源，为到馆信息用户和网上信息用户提供服务的“开放意识”；树立具有不断创造新的服务方法和服务形式，为信息用户提供日益增长的“人性化”的信息服务的“创新意识”。

（二）对馆藏发展的影响

丰富、优质的藏书是图书馆在信息社会中得以生存发展和参与信息竞争的物质基础。传统图书馆的馆藏对象以纸质文献为主，各馆自成体系地发展馆藏，文献数量成为衡量图书馆水平的重要标准，难以实现资源共享。而网络环境对图书馆馆藏发展有积极影响。

首先，改变了馆藏结构。网络的迅速普及不仅极大地丰富了图书馆提供信息服务的信息资源基础，而且使信息资源的结构发生了重大变化，传统意义上的图书馆信息资源是经过图书馆收集、整序、储存并拥有“所有权”的文献。而网络环境下的图书馆馆藏既包括纸质文献，也包括电子文献；既包括本馆“现实馆藏”，又包括网上“虚拟馆藏”。网络环境的信息资源极为丰富、存取便捷，因而必将成为图书馆提供信息服务的主要渠道和重要手段。

其次，拓宽了采集渠道。图书馆将不仅通过购买、交换、受赠等途径获取文献，还通过网络进行网上采购，或获取信息资源的网络使用权。所有这些新信息资源的获取方式需要新的技术和设备以及专业技术人才，这是非常重要的物质基础。

第三，促进了资源共享。传统图书馆是自给自足的保障模式，而在网络环境下，对图书馆在信息资源建设中的分工协调提出了较高的要求，网络环境促使处于不同地理位置的图书馆能相互利用信息资源，实现资源共享。

第四，修正了评价标准。从传统图书馆文献的数量、结构、重点、利用率等方面的评价标准，向网络环境下图书馆能够为信息用户提供信息资源的全面性、及时性、准确性的评价标准转变，信息资源的质量评价不仅要看现实馆藏，还要看通过网络能提供全世界信息资源的水平，以能使用户达到满意为最高标准。

（三）对建筑设备的影响

传统图书馆由于受以藏为主观念的影响，在建筑构成上以收藏和保存文献用的库房占较大面积，功能也较单一，在设备配置上以常规设备为主。网络环境下的图书馆建设首先要坚持以人为本，体现人文关怀既是建筑设计的永恒主题，也是现代图书馆建筑人文要素的重要组成部分。在新馆建设中，秉承以知识殿堂为主线、以用户为中心、以人为本的图书馆建设新理念，追求现代学习方式的建筑空间和探索温馨舒适、自然和谐、宁静幽雅的图书馆环境是我国图书馆建筑的文化主题。以人为本的图书馆建筑设计理念是从多个方面体现出来的，诸如馆舍选址方面，设计风格要求馆舍具有智能性，即配有舒适的建筑环境系统和先进的通信网络系统，并通过结构化综合布线系统使各种功能构成统一的整体；空间布局的合理性方面，根据信息技术应用的要求设置专门场所，如设置具有相当空间的电子阅览室、信息检索室等，以营造良好的学习环境和交流文化信息的氛围；管理设施的先进性方面，为了充分利用新型电子文献，为了提高服务质量和效率，图书馆将不断引进先进技术和设备，如计算机、专用服务器、磁盘阵列、扫描设备、打印设备、触摸屏等。另外，环境绿化、采光照明也是不可忽视的部分。

（四）对图书馆员的影响

图书馆员是图书馆事业的灵魂，是图书馆各项任务的主要完成者。传统图书馆员的基本工作形式是与文献结合、与用户结合，并作为两者之间的媒介，手工式操作占较大比例，馆员具有一定的文化知识以及与其所在岗位相关的分类、编目、借阅等知识就可适应工作。图书馆员在网络化日益发展的今天，其使命更加明确、地位更加突出，作为桥梁和导航的作用将变得更为重要。网络化使图书馆的工作变得更加便利和高效，使资源共享更容易实现，只有将传统的方式与现代的网络技术相结合，人和机器相协调，才能为信息用户提供更加优质的服务，才能不断提高本馆的科研和服务水平。因此在网络环境下，对图书馆员的工作技能和工作效率提出了更高的要求：要加强对专业知识的完善和现代化设备及应用技术的学习，具备精深的图书馆专业知识、必要的网络及信息技术知识、计算机应用知识和外语知识，才能担当起“网络导航员“”网络咨询员”等新角色。对馆员进行继续教育是图书馆发展的一项重要任务，馆员可以通过在职进修、参加讲座和短期培训等形式提高自身的业务水平，努力使自己成为高层次、全方位、复合型的图书馆管理人员。

（五）对信息用户的影响

社会成员是图书馆信息资源的利用者，是图书馆服务的对象，是图书馆价值的实现者。传统图书馆的用户相对比较固定，他们利用图书馆一般只有到图书馆才能实现，他们对图书馆资源的利用大多限于馆藏文献和馆舍空间，他们在利用馆藏文献时对馆员的依赖性较强。网络环境首先扩大了信息用户范围，网络环境下利用图书馆的信息用户既包括到馆借阅文献的读者，也包括上网查询或获取图书馆信息资源的网络用户。其次，激发了用户信息需求，许多在图书馆不能直接借阅的珍本、善本运行在网上，用户在自己家中或办公室里以及任何配备有联网终端的场所均可看到。其三，提高了信息用户获取信息的能力。信息用户在网络环境下利用图书馆更强调的是用户的主观能动作用，特别是在用户的自我服务过程中，用户自身的专业素养和知识水平、用户对网络信息资源的掌握程度、用户的外语水平、用户掌握现代信息技术的能力以及用户的信息检索能力都是至关重要的，直接影响着用户信息需求的质量和效果。

（六）对信息整序的影响

图书馆一直致力于发现信息的秩序和组织，致力于解决信息的无序状态与信息用户特定需要之间的矛盾。传统图书馆的信息组织和管理基本是在手工或机械操作的情况下进行的，而且对信息内容的揭示也极为浅显。

网络环境下图书馆文献信息主要表现在数量剧增、形式多样、内容广泛、分布离散、时效频繁等几个方面。网络环境对信息整序的影响首先是促进了信息整序的高效化，依据信息用户的需求和信息资源的特点，将分散无序、相对独立的相关知识进行类集、融合和重组，使其重新组织为一个新的有机体，形成一个效能更好、效率更高的新的文献信息。其次，促进了信息整序的数字化，就是把在不同时间、不同技术开发的具有不同内容和形式的数字资源整合到一起，使信息用户得到所需文献。其三，促进了信息整序的自动化。根据数据逻辑集成的优点，在检索中自动形成检索界面，供信息用户使用。其四，促进了信息整序的深层化。在信息整序过程中，一定要善于综合运用比较、分类、概念、判断、推理以及使用同一律、矛盾律和排中律，对不一致的信息资源进行筛选，确保信息资源的真实性和可靠性。

（七）对服务方式的影响

传统图书馆的服务主要是以用户上门为主，即用户必须到图书馆才能获得服务，并且服务的手段以手工操作为主，服务的时间也有一定的限制，服务的文献资源以本馆馆藏为主，多是整本书刊，且因副本不足常有拒借现象，服务的项目以借阅为主。随着网络化、信息化的出现，从根本上改变了“田园式”的传统图书馆服务模式，同时也给图书馆自上而下的发展空间带来了新的契机。在网络化发展的今天，信息用户对知识的需求越来越强烈，传统的图书馆服务方式受到严重冲击，促使网络环境下图书馆的服务范围拓宽了，形成了新的模式，即开放式服务模式、有偿服务与无偿服务相结合模式、主动型服务以及针对型服务模式等，信息用户可以在任一地点、任一时间，通过计算机终端联网的方式查找所需信息。其服务形式主要有：图文信息服务、电子出版物的发行、电子邮件服务、电子公告板服务、文献传输、联机公共目录查询服务、光盘远程检索服务、远程电视会议服务、用户电子论坛服务及用户点播服务。

（八）对内部管理的影响

图书馆加强内部管理是一个图书馆优化信息资源、增进工作效益、提高服务质量的保证。传统图书馆的内部管理基本停留在经验管理、封闭管理的层次上，业务组织结构是一种线性模式，按照文献在馆内的流动过程设置了采访、分编、流通、参考咨询等部门。

网络环境下的图书馆首先提高了管理效率，将减少管理层次，减少管理人员，使组织结构扁平化，内部管理将变得灵活敏捷。其次，加强了管理深度，在网络环境下各种数据统计更加精确便捷，管理者可随时掌握第一手资料，管理者还可以及时利用电子邮件或BBS交流信息和经验。其三，增加了管理内容，如硬件的不间断运行、数据库的维护更新、网络和应用系统的安全等均需考虑。其四，改变了组织机构，根据信息技术应用情况和图书馆工作环节的变化，组织机构必将撤并或新增，如有些图书馆设置了技术支持部、数字化服务部、专业信息部、用户教育部等。

总之，随着网络化不断深入地发展，对图书馆办馆理念、馆藏发展、建筑设备、馆员工作、信息用户、信息整序、服务方式及内部管理等方面都会产生较大的影响，与传统图书馆相比较有许多差异。只有图书馆事业与时俱进，才能充分利用好图书馆的无形资源，才能充分发挥好虚拟专家组和网络平台的有效作用,才能更好地为广大信息用户服务。

二、网络环境对数字图书馆经营成本与收益的影响

随着数字化信息技术的发展,促使数字图书馆的经营管理也逐步朝向现代化、信息化管理的方向发展,人们的阅读习惯也从原来的纸质阅读逐步发展到电子阅读,促使数字图书馆的电子资源数量逐步增加。但是面临电子资源下载和阅读量提升的情况,图书馆也出现了两难的境地,为了更好地实现投入成本和收益的平衡,数字图书馆经营管理是逐渐向电子资源投入倾斜,还是依然坚持原有纸质书籍投入的方式,成为今后数字图书馆的发展选择的方向。那么,如何获得经营效益,成为当务之急。本节首先对数字图书馆的经营成本和收益进行概述,然后分析数字图书馆提供网络电子资源的必要性,深入研究在当今网络环境下对数字图书馆经营成本和效益的影响,最后分析如何有效完善数字图书馆数字网络建设。希望本节可以为图书馆未来数字化经营的选择提供有利的借鉴。

传统印刷型文献存在着变质和自然老化等弱点,加上各种自然的灾害和人为的损害,印刷型文献面临危机和损失,因此必须利用现代技术将图书馆保存的书刊资料进行数字化。数字图书馆存在的目的是为用户服务的,但长期以来,信息服务的层次较低、手段落后,图书馆必须实现数字化才能使信息传递更快捷、更方便,服务内容更具时效性和针对性,以满足社会化需求。当今,文献信息资源剧增、信息高速公路的建设和因特网的发展、数字化技术的发展,而数字图书馆实际上就是伴随着网络迅速发展而产生的,它体现了数字化社会对信息共享和信息开放的根本要求,是社会信息化发展的必然产物。数字图书馆凭借高新技术可以快速地传播文化知识,从而不断推动全民族文化素质的提高,促进社会的进步和发展。本节在探究网络环境对图书馆的经营成本和收益的影响之上,提出了完善数字图书馆经营成本和收益的策略,以促进图书馆朝向更好的方向迈进。

(一)数字图书馆经营成本与收益概述

1. 数字图书馆的成本与收益

(1)数字图书馆的成本

成本与收益自始至终都是社会各个经营活动的重要组成部分,也是最基础的部分。在社会活动中,不论是生产商品还是向外界提供服务都需要进行一定的资本投入,资本的投入则是效益产生的基础,是各个经营活动所需要实现的目标。对于数字图书馆来说,为了实现经营的效益,数字图书馆必须要向社会和读者提供一定的图书资源服务,而图书资源的形成则需要图书馆投入相应的成本,并充分地利用内部的人力或信息资源,实现经营效益回报。从数字图书馆的成本构成来看,具有复杂多样的特点。根据相关经济学的成本构成分析,数字图书馆的成本构成主要有:①数字图书馆设备的成本投入。如图书馆建筑投入、内部硬件设施建设投入等,这一成本构成具有时间上的固定性,通常在

固定时间内成本处于基本不变的状况，因此被称作为图书馆运营的不变成本。②其他成本。其他成本是除了上述不变成本的所有成本投入内容，如数字图书馆馆藏发展成本、人力资源投入成本、资源购入成本等其他可变成本，也就是本节主要探究的图书馆成本构成。

（2）数字图书馆的收益

数字图书馆收益主要指培训费、出售阅读卡、文献打印费、资源服务费等，利用数字图书馆资源的用户在使用这些资源时所取得的效益的总和。对于图书馆经营来说，具有经营效益和社会效益两个方面的构成要素。从本质的发展来看，由于数字图书馆信息资源存在共享性特征以及使用价值和价值的过程性，使数字图书馆的收益难以量化和确定。因此为了更好地确定数字图书馆的成本和收益的比例，数字图书馆往往将成本投入的节省看作经营的经济效益，而社会效益的来源则依赖于数字图书馆提供图书资源可以满足用户的需求。所以说数字图书馆的效益是经济效益和社会效益的总和，应该通过一系列的措施实现数字图书馆经济效益和社会效益的统一。其中最重要的措施就是依赖网络环境，建设数字化图书馆。

2. 数字图书馆成本资金和效益来源

（1）成本资金来源

要想探究在网络环境下对数字图书馆经营成本和收益的影响，就必须积极的探讨数字图书馆成本资金的来源，从而可以进一步地分析网络环境对数字图书馆经营成本的影响。具体来说，数字图书馆资金成本来源主要有三个方面的内容：①政府拨款。由于我国数字图书馆是社会公共性部门的重要部分。数字图书馆的建设具有社会服务型特征，作为公益性的社会组织，数字图书馆的运营不可能以盈利为发展目的。所以就决定了数字图书馆运营的主要经费来源是上级机构的申请拨款，这些经费主要用于图书馆人力资源的投入、图书馆藏的购置、电子图书设备的购置和维护、图书馆行政管理经费等各项成本支出。②社会资金。社会资金或者私人的图书捐赠则是图书馆运营成本资金的重要补充。社会捐赠的款项可以有效地丰富数字图书馆的馆藏建设，从而有利于改进数字图书馆电子信息建设。具体的社会资金来源有：社会或私人将图书捐赠给图书馆，以省去图书馆资料购置的一部分费用；社会对数字图书馆外部建筑建设的资金投入；捐赠图书馆设备以及社会公众的一般性捐款等。③数字图书馆服务收费。现今数字图书馆建设和管理也逐步朝向市场化的经营方向发展，一些小的城市图书馆（特别是公共图书馆）为了提升数字图书馆的收益，开始实施有偿服务的模式。所以说这一部分的资金收入也成为数字图书馆成本资金的重要构成部分。在实践中政府投入通常是一次性的，数字图书馆的运行维护还需要后续资金投入，因此，为保证数字图书馆的正常运行，政府和公益性组织投资部分也应有部分营利性的服务，这样才能为数字图书馆提供持续的资金补给。

（2）收益产生渠道

数字图书馆的收益是在图书资源的利用率上来看收益的大小。数字图书馆的图书资源的产出效益主要来源于用户利用图书资源的数量和效率，利用的越多、效率越高，数字图书馆的收益就越大，反之，则收益就越小。在考虑数字图书馆图书资源的利用效率时，可以充分地评估数字图书馆文献资源的利用状况和文献资源的流通状况。再者，还可以从人力资源的利用状况上来分析图书馆的收益。人力资源的利用状况，主要是指工作人员的岗位贡献率和劳动产出效益等。岗位贡献率的前提是图书馆人力资源适合岗位的设置，只有这样才能更好地促进工作人员的劳动产出效益。人力资源的利用状况，是数字图书馆经营收益的前提和基础，没有良好的人力资源管理，数字图书馆就不可能拥有良好的以数字化建设为主的支撑，也就不能更好地适应当前网络环境。其次是看数字图书馆硬件设施的建设和利用效率。数字图书馆的硬件设施的利用效率直接决定着图书馆图书资源的利用状况，因此两者有着密不可分的联系。数字图书馆硬件设施的利用效率主要是从图书设备的使用率和设备建设的状况来看的。图书馆硬件设施越完善，使用率越高，则证明数字图书馆的收益越高；反之，则说明图书馆的收益越低，因此我们可以从这几个方面探究网络环境对当前数字图书馆经营成本和收益的影响。

（二）网络环境对数字图书馆成本和收益的影响

1. 对数字图书资源购置的影响

数字图书馆的图书资源购置是图书馆经营中的直接成本，实际上从众多图书馆成本消费的数据来看，大多数的成本都利用在了图书馆图书资源的购置上。当前在图书成本提升、图书资源总量增加的情况下，数字图书馆的图书购置成本往往存在不足，因此就导致图书馆虽然每年都会购置一批图书，但往往跟不上图书出版的步伐，促使图书资源匮乏，不能适应读者的现实需求。所以基于这种问题，一些图书馆通常采用馆馆合作的方式来扩大图书量，为了提高合作的效率性和完整性，就必须通过现代信息技术来提高效率。所以说在网络环境下，图书馆可以利用现代信息技术或相关的运程控制和服务技术使图书资源的购置方式呈现多样化发展特征。例如除了原来的纸质书籍的购买之外，数字图书馆的电子资源购置、在线资源下载等也成为图书馆图书资源的重要组成部分。一些读者除了可以利用本图书馆的图书资源之外，也可以通过现代信息技术和远程查询工具利用别馆的图书资源，或者通过网络图书馆资源的下载和购买来满足阅读的需求。通过众多调查，数据显示，在网络环境下，图书馆利用信息技术可以节省 60% 的图书购置成本。最终大大的促进图书馆运营收益的提升。另一方面读者通过电子资源下载和阅读的方式具有强大的优势。例如通过在线下载，读者可以方便、快捷的获得图书资源，既节省了读者要到图书馆借书的时间，也相应地减少了购买纸质图书的花费。所以说在网络环境下，图书馆可以利用互联网络为读者提供更加全面的服务和资源，既节省了数字图书馆图书资源购置的成本，又满足了读者的需求和读书效率。因此图书馆应该进一步地深化数字化图书馆建设，来提高图书馆的运营效益，最终总实现社会效益和经济效益的统一。

2. 对数字图书加工成本即工资的影响

数字图书加工费用主要是数字图书馆在日常运营过程中所产生的间接成本，即在日常业务处理的过程中所产生的费用。如应用户的需求，在现有资源的基础上整理相应的数据库、PPT 文档等加工和维护的费用、图书资源存储费用、人力管理费用、资源传递费用等。在众多的大型数字图书馆的经营过程中人力资源始终占据着重要的基础性位置。人力资源的工资成本也是数字图书馆经营成本的重要构成要素。例如统计分析现今我国单一图书馆的工作人员，平均可以达到 100 ~ 200 人，这样以每人每年最低 4 万元的工资收入计算，图书馆付给工作人员的工资成本就可以达到 400 万到 800 万不等。当然还包括一些薪资较高的管理人员，每年的工资可以达到 10 万 ~ 15 万元或更多。这些人力工资成本给图书馆带来巨大的成本压力。但是人力资源成本这块所产生的费用又不像普通图书馆购买图书有进项税可以抵扣，人力资源成本国家税法现在还不允许抵扣，这是数字图书馆税负大、盈利差、经济效益不好的直接原因。

3. 图书馆服务和工作流程产生影响

利用电子信息技术可以进一步地节省读者借阅的时间，读者可以利用数字图书馆的电子信息系统快速的查找书籍所在的位置，从而提高了数字图书馆图书的利用效率。同时图书馆网络环境的建设还可以使工作人员之间、上级和下属之间、管理人员和出版商之间的交流和沟通更加方便，各个组成人员可以利用现代交流设备实时的沟通，如电子邮件、QQ、微信等通信工具。不仅可以有效减少工作的环节，同时也加强了数字图书管理人员和读者之间的沟通和信息分享，有利于图书馆服务模式的革新，提升图书馆的运营效益。

4. 对数字图书馆最终核算的影响

图书馆核算工作是图书馆财务管理的核心，只有通过正确的核算，才能为图书馆财务的管理提供准确的会计核算信息，明确图书馆成本和收益的构成，为图书馆今后的运营提供明确的财务信息。由于数字图书馆的资源购入是一次性的，但是向外销售是多次、分批的，如购入一批国学方面的资源，经过数字图书馆的整理加工分别卖给幼儿园、小学、初中、大学等不同机构，这样就造成了企业只有在购买时有进项扣，而在每次销售时都要缴纳一次增值税，成本与费用没有相应的配比，这是企业税负重，压力大，经济效益不好的直接原因。在此问题上，图书馆为了更好地适应数字图书馆的建设，必须反过来充分利用现代信息化技术，提高图书馆最终核算的准确性和效率。

5. 数字版权保护产生的影响

在传统图书馆建设的环境中，由于《著作权法》的限制。用户使用的版权作品的侵权范围比较小，对图书版权人的侵权影响的危害较小，对存在侵权的行为也比较容易发现，并追究其责任。但是在网络环境下，由于互联网存在交互性好、信息危机的特性，通过互联网人们可以快速地传输和复制图书资源，使数字图书资源的使用变得简单化，因此极易造成网络侵权行为。同时由于互联网存在巨大的隐蔽性特点，不能很容易追究侵权者的责任，使用者也可以将数字图书版权作品复制到自己的电脑中，对其进行引用和修改。这无疑给图书版权的保护带来影响。

（三）建立健全数字图书馆收益长效机制

1. 建立数字化图书馆网络平台

现今，国内许多图书馆已经建立了专有的图书管理系统和自动化办公网站，但是从整体上来看，图书馆数字化建设依然存在许多问题，需要进一步的解决和完善。例如网络系统的运行效率问题，网站设计的美化问题以及服务功能的完善问题等。而现今，绝大多数的图书馆数字信息系统还没有实现吸引读者眼球的效果，因此为了迎合读者的审美需求，图书馆除了要进一步的完善网络系统的功能之外，还要注重网站设计的完成度以吸引更多的读者。

2. 实现数字图书馆的标准化建设

数据的标准化和规范化是实现数字图书馆资源共享的前提和根本保障，在进行数字图书馆研究和数字资源库的建设中，必须严格遵守统一的标准，才能避免出现不按规范、不按标准建立非标准数据库的现象。数字图书馆规模化体现在数字图书馆建设和服务方面开展广泛的合作，实现数字资源的共建、共知和共享。为了更好地实现图书馆和文献出版商之间的合作。图书馆应该利用现代信息技术，对读者在网络图书馆借阅的文献进行适当控制，尤其是借阅的期限问题。因此就需要进一步地对网络系统进行完善，从技术层面设置适当借阅的期限，例如可以在图书借阅系统中设置激活密码，或者采取对超越期限的用户数据加密等措施。同时还要利用技术手段绑定用户客户端，避免图书资源随意拷贝和借阅等，避免盗版资源的产生，从而最终保障图书馆和出版商的利益。

3. 完善数字图书馆人力资源建设

为了进一步地节省人力资源的工资成本，我们也可以借鉴国外先进国家的图书管理经验，例如美国某大学的图书馆的专业图书管理人员只有 20%，其余大多数的图书管理者多为临时工和业余工作人员，以及众多的图书管理志愿者。而从我国总体的图书管理人员构成来看，专职的工作人员几乎占据图书管理者中的绝大多数。因此现今，已经有相当多的图书馆借鉴了国外发展的模式，不断地引进低成本的临时工或业余工作人员对图书进行管理，以更好地提升图书馆运营的经济效益。

4. 加大网络宣传力度

数字图书馆网络平台的建设，除了良好的硬件设施和技术之外，同时还要有良好的宣传，为了集结更多的读者群体，提升图书馆的运营效率，图书馆就不得不利用网络提升宣传的力度，例如图书馆门户网站的建立、专门的微博和微信营销账号建立等，通过图书资源的介绍以及服务功能的描述，让读者可以进一步地了解图书馆的运营状况，以最大的限度增加读者的数量，从图书资源利用效率的提升上，增大数字图书馆的运营收益。

5. 保护图书版权，完善法规制度

在数字化图书馆建设中，数字版权的保护应该成为数字图书馆建设的重要内容。为了在互联网环境下，更好地保护图书版权。首先数字图书馆可以邀请版权集体机构代理数字图书馆版权的交易，以充分的获得图书资源的法定许可，以最大限度地降低版权交易成本。其次可以利用先进水印加载和软件加密技术，对数字图书版权进行控制。其次还要建立健全相应的法规制度，而这是数字图书馆适应网络环境改革的重要保障。为了更好地建设数字化图书馆，还应出台相应政策法规，比如税收优惠政策，由于大部分数字图书馆人力成本占据比例大，应享受软件企业 15% 税率；关于知识产权，数字图书馆建设必须由取得著作权人和邻接权者的双生授权，才能顺利进行。所以，要认真研究互联网法律问题，制订信息法规作为数字图书馆主体运行的保障。

数字图书馆作为我国社会公共部门的重要组成部分，面临社会主义市场化深入发展的情况，如何兼顾经济效益和社会效益的统一，努力提升自身运营效益，已经成为图书馆可持续发展的重要措施。而网络环境的出现，则给图书馆的持续发展提供了重要的技术支撑。充分的网络技术运用不仅可以有效地节省图书馆运营成本，同时还更有利于图书馆的建设和发展，因此数字化图书馆的建设和完善显得势在必行。

第二节　信息技术在图书馆的应用

随着信息技术的发展和计算机的广泛应用，图书馆进入了一个知识管理的时代，图书馆的多项传统业务已不能满足社会对它的需求，而信息技术被认为是提高图书馆管理水平和工作效率的重要途径。图书馆要想获得长远的发展，使图书馆从传统模式向开放式、网格式的服务模式转变，由单一功能向多功能转变，为读者提供更科学、更完整、更高效的服务，实现自动化、网络化、虚拟化，就应当加强信息技术的应用。

图书馆是人类吸取知识营养的宝库，是广大读者阅读、学习知识的主要场所，是培养高素质人才不可缺少的重要组成部分。

信息技术已经成为现代生产力发展的主要因素，信息技术在图书馆管理中的广泛应用对原来的图书馆工作模式产生了巨大冲击，它不仅在极大地改变着人类的经济生活，而且正以强大的渗透力深入到了社会生活的方方面面。信息技术的应用不仅提高了图书馆传统业务环节的工作效率，而且能为读者提供更加周到的服务。

一、当代信息技术在图书馆的发展现状

在现代发展中，人们的生活节奏逐渐加快，传统的图书馆管理和服务模式并不能适应时代的需求，由于时间和地域上的限制，图书馆的功能逐渐削弱，图书馆为了能够在时代的飞速发展中不断提高管理和服务的水平，在其管理中有效实现了对信息技术的应用，然而，虽然当前的图书馆中有效实现了对信息技术的应用，但是图书馆的管理和服务水平却并没有得到显著性的提升，为了促进图书馆的发展，下面对信息技术在图书馆中

的具体应用问题做出有效的分析。

（一）对信息技术的应用分散，导致管理和服务效率不能提升

当前的图书馆中，虽然实现了对信息技术的有效应用，但是由于应用的形式过于分散，这样的应用情况并不能有效促进图书馆的发展。传统的图书馆由于不能适应时代发展的要求，而进行有效的创新。但是，创新后的图书馆不能实现发展的根本原因是在应用信息技术时没有对其做系统化、科学化的研究，导致在信息技术在图书馆的发展中非常缓慢，并且，信息技术的应用形式过于分散化，这样各个管理中就容易出现重复性的信息数据，不但影响信息技术的使用，而且会造成较为严重的资源浪费。在当前的环境下，要想有效实现信息技术在图书馆中的应用和发展，促进图书馆的进步，必须针对当前分散化的信息技术应用形式进行有效的研究，促使其改变当前分散化的应用形式，有效避免重复性数据记录，促进其形成科学性、规范性的系统，进行有效的管理和服务，从而有效提升其管理和服务的水平，促进图书馆的发展。

（二）当代图书馆发展中，对信息技术的应用程度需要有效提高

当代图书馆为了发展，初步实现了对信息技术的应用，但是，其应用水平一直不能得到有效提高的根本原因是当前的图书馆工作人员的信息化素养以及计算机应用能力不高，对信息管理系统仅仅能够实现初步的掌握，工作水平和能力限制了信息技术的应用，这样的情况对图书馆的发展有着非常消极的影响。图书馆工作人员是进行管理和服务的主体，如果图书馆工作人员不能有效掌握信息技术，或者其掌握的技术的基础并不能达到标准，这样信息技术的许多功能应用都会由于能力不足，而无法得到有效的发展，当前是信息技术飞速发展的时代，如果不能有效提高图书馆工作人员的信息技术应用水平，将会严重阻碍图书馆对信息技术进行深入应用，严重降低图书馆的服务功能。受到上述多种因素的影响，在图书馆应用信息技术中，为了提高信息技术在图书馆中的发展，应该采取有效的办法，提升工作人员的信息技术水平，并促使其对信息技术进行深入的研究，只有这样，才能有效提升图书馆中的信息技术应用水平，促进图书馆的有效发展。

（三）信息技术在图书馆中的应用受到传统管理模式和管理思想的限制

当前时代发展中，图书馆的管理和服务模式虽然已经能够应用信息技术，事实上，当代图书馆的信息技术应用水平不仅仅受到工作人员的信息技术能力限制，同时还会受到图书馆管理思想和管理模式的影响。在图书馆的发展历程当中，传统的思想和管理模式长期服务于图书馆，尽管信息技术实现了在图书馆的初步应用，但是传统的思想及其管理模式的改变并非一朝一夕之间，在这样的影响下，受到传统思想和管理模式的限制，信息技术并不能有效发挥其作用，很严重的制约着当代图书馆的信息化发展模式，如果不能进行改变，将会给图书馆的发展带来消极的影响，在信息技术已经深入到人们生产和生活各个方面的基础上，图书馆应该对管理模式和管理思想加以创新和改革，促进其更

好的应用信息技术，以使管理方式和服务渠道更加适应时代发展的需求，从而促进图书馆的发展，有效实现图书馆的与时俱进。

二、信息技术在图书馆中应用发展对图书馆的重要作用

（一）对图书馆管理的重要性

信息技术，作为当代生活和生产中最为基础、最为科学化的应用技术，对各个行业的发展都有非常大的促进作用。当前我们生活的时代，是信息技术的时代，在传统图书馆不能有效适应当代发展的基础上，应用信息技术，并针对信息技术进行深入的研究和技术开发，使其在图书馆的应用中形成较为系统化的管理模式，这样不仅有效提高了工作人员的工作效率和工作水平，在逐渐应用中，通过对其不断的研究和探索，并通过正确的方式，能够有效改变传统图书馆的管理思想和管理模式，有效实现图书馆的变革，促进图书馆管理水平的进步，为图书馆实现对信息技术的良好应用奠定重要的基础。管理思想和管理模式是图书馆实现科学化发展的重要基础，只有通过对信息技术的有效研究，才能够促使图书馆对当代的发展主动进行有效的思考，实现管理上的改革和创新，让图书馆在当代的发展中实现与时俱进，为图书馆能够不断进步提供重要的动力。

（二）对当代图书馆进行服务创新的重要作用

传统的图书馆服务水平已经不能在当代的发展中有效的服务于人们，现代化的生活和工作都较为忙碌和紧张，人们的休闲和娱乐时间较少，在这样的因素影响下，传统图书馆的服务功能会逐渐地下降，而信息技术作为时代发展的产物，先进科学技术的代表，在图书馆中实现对信息技术的深入研究和应用，对图书馆提升其服务水平有非常积极的促进作用。首先，在当代生活中，计算机和互联网技术已经实现了普及，在图书馆中应用信息技术，并对其进行深入的研究和开发，针对图书馆当前的服务模式开辟创新的途径，使其冲破时间和空间的限制，促进当代图书馆服务水平的有效提升，为图书馆的发展奠定重要的基础。

三、结合时代发展的背景，研究信息技术在图书馆中应用

（一）利用信息技术促进图书馆对传统的思想和管理模式进行改革

在图书馆的发展中，实现对信息技术的有效应用，是促进图书馆实现快速发展的重要方式。但是由于受到传统图书馆的管理模式的影响，图书馆始终不能实现信息技术的深入应用。为了改变这一发展现状，首先图书馆的管理人员应该积极对现代化信息技术的应用手段和应用领域进行深入、具体的了解，并对当前社会发展的大趋势进行了解，当前是信息技术实现全面应用的社会，未来世界中信息技术水平会不断提高，在信息技术发展的当代社会中，如果不能有效适应时代发展的节奏，那么在未来社会中，图书馆的功

能和影响力将会被进一步的削弱。所以，在进行有效了解后，能够有效改变固有的传统思维模式和管理模式，对信息技术实现深入的应用，从而实现对当代图书馆的改革和创新，为图书馆进行发展提供重要的动力支持。

（二）加强对工作人员培训，促进信息技术在图书馆中的深入应用和发展

实现信息技术在图书馆的应用发展，工作人员的信息技术水平非常关键，为了在图书馆实现信息技术的应用发展，应该采取不同的措施促进工作人员有效提升自身的信息技术水平，这样才能促进信息技术在图书馆中实现应用发展，为图书馆实现与时俱进奠定重要的基础。

针对当前图书馆对信息技术的应用水平，对工作人员的技术水平进行有效的强化。第一，图书馆通过培训的方式促使工作人员对信息技术进行有效的了解和掌握，实现图书馆工作人员对信息技术的初步应用；第二，采取有效的措施促使工作人员对信息技术进行自主学习，这样能够促进其对信息技术的应用方式进行深入的分析，进一步强化工作人员的信息化素养；第三，招收具备高水平的信息技术管理人员，有效提升图书馆工作人员的整体信息技术水平，从而保证信息技术的深入应用，促进图书馆的发展。

（三）应用信息技术，建立完善的信息技术管理和服务体系，促进图书馆发展

在图书馆的发展中，分散化的信息技术应用造成了严重的资源浪费现象，严重影响图书馆的信息技术应用发展水平，影响图书馆的工作效率。要改变这一问题，必须通过技术上的革新和管理服务上的创新，对信息技术实现整体化、综合性的应用，通过技术上的革新，在图书馆的发展中建立完善的信息化管理系统，通过设置权限进一步规范图书馆的管理工作，有效提升管理水平和管理效率，并实现较为先进和完善的服务，促进服务水平的提升，在时代的发展中，通过对信息技术的应用，强化图书馆的功能。有效促进图书馆的发展。

总之，在当前的发展中，信息技术已经在各个行业中取得有效的发展，当前时代是信息技术的时代。所以，把信息技术有效应用在图书馆中，并针对其应用中的问题进行分析和研究，通过提高当前图书工作人员的信息化素质以及针对信息技术做出系统性的管理方案，并有效改变存在于当前图书馆中陈旧的管理模式和管理观念，通过一系列的措施，有效提高图书馆对信息技术的应用深度，提升当代图书馆的功能，通过现代化的信息技术，有效冲破时间和空间的限制，进行有效的阅读，在促进管理和服务水平提升的同时，为我国发展奠定重要的基础。

四、信息检索技术在高校图书馆中的应用

（一）信息整理

1. 文献编目

文献编目在当前的情况下需要遵守规范化和标准化，这些标准为图书馆的协作打下坚实的基础。此外，促使编目理论不断朝着完善方向发展的有联合、集中、在版等形式的目录，这些方面的理论都会对图书馆的发展产生正面影响。信息化进程持续深入之后，多数情况下都是使用联网的展开联机编目，这样的方式大大节省了编目时间，突破了信息共享的时空限制。信息技术让图书馆的工作状态逐步转变为现代化模式。

2. 文献类别区分

以往的分类方式已经无法符合国际化的标准，也无法适应当前的信息传递方式。在信息技术不断发展的情况下，自然语言的检索方式逐步发展起来，应用范围逐步走向更广泛的领域之中。在信息检索背景下，除了分类法还有其他方面的参照，但是分类法仍在图书馆中发挥着无可比拟的作用，对信息检索方式的具有积极意义。

（二）信息保存

图书中保留的大量是其发展的关键。以往图书管理人员需要对读者的阅读倾向进行判断，然后根据需求分析购置书籍，将购置的书籍根据一定的方式进行排列。数字技术出现后，这种类型的保存方式被颠覆，让工作效率大大提升，承担了大部分原本需要以人工方式处理的事项，让图书的内容的保存开始朝着虚拟化方向发展，正是这虚拟化的方式对图书馆产生重大影响。

（三）自助服务系统

自服务系统指的是图书馆管理员排列好图书的顺序且为每一本图书编号，再把图书放到规划好的位置。检索者只需知道一些自己想要的书的一些信息，到自助服务的电脑上进行搜索，电脑上便会显示出检索者所需的图书的位置，电脑上所显示的图书位置的信息是用虚拟现实技术来显示的，其目的便是为了更直观地显示图书所在的位置，让读者更易找到他所需要的信息。

（四）通过计算机建立图书馆自动化管理体系

当下大部分高校图书馆在管理图书文献资源上都使用了计算机，原因在于计算机技术在给读者检索带来方便的同时也给图书管理工作带来了很多的帮助，读者通过计算机检索系统可以迅速地查到所需文献资源的存放位置以及借阅情况，图书馆管理人员的工作效率就得到了提高。图书馆也因此形成了自动化管理体系，这一体系能够使图书的流通更具人性化，可以通过开展网上预约，催还书，新书发布等业务，很好地解决了稀有文献的供需矛盾问题和逾期罚款问题。建立图书馆工作信息网络，文献资源、集中编目以

及馆际互借得到了合理的利用与保障，同时也使得管理时的工作统计变得更加方便快捷。与传统的手工操作相比，自动化管理体系更有效地提高了图书资源的管理效率，完善了图书馆的管理体系。

（五）读者服务

这项技术在发展之后，让读者服务产生巨大改变。读者的借阅、书籍推荐、培训等方面的服务成为当前的主要服务内容。而且图书的服务职能也发生很大改变，有以往的为读者提供阅读材料，发展到现在也为读者搜索馆外的文献，而且在信息技术越来越发达，人们对图书馆也提出更高要求。而且各项服务不只局限在图书馆之内的活动，同时也存在于信息检索之中。

（六）信息检索技术进一步应用

信息检索方式更加强大的功能是实现联机检索和互联网检索。当前的图书馆使用计算机管理各类文献，使用网络化分布式数据库技术对资料进行保存，在一段时间发展之后，能够实现信息网络化。联机文献检索则是在创建的信息网络之中寻找资料，联机检索与很多领域存在联系。网络检索是高校图书馆管理系统和互联网结合后的产物，具备更加强大的检索功能，网络当中存在各种类型的检索工具，都已经发展到成熟阶段，各个高校都在互联网上创建起网站，师生可以随时随地获取高校发布的信息。

当前数字化图书馆处于迅速发展时期，对教学和科研工作提供了更大的支持。计算机的检索能力也在持续增强，在检索功能的辅助下，能在很短时间内找出有价值的材料，这在各个行业中都会发挥巨大作用，对高校学生的学习和教师的科研工作提供巨大的便利。

五、移动新媒体信息传播技术在图书馆信息服务中的应用

（一）移动新媒体信息传播技术在图书馆“自媒体智库”中的应用

随着移动新媒体信息传播技术的发展，微博、微信等自媒体软件得到快速推广，人们通过这类软件展示自己的爱好、经历等。有些微博圈、微信群成员由政府、企业、高校等不同机构的人群组成，他们在一起分享自己的思想，讨论当下热点话题。这种讨论涉及社会的方方面面，同时体现出一种集体的智慧，产生“自媒体智库”的效果。图书馆通过采用移动新媒体信息传播技术创新了传统媒体、智库、基金会等方式，将分散在各地方的用户进行整合，弥补了传统信息采集过程中的不足，产生了超越传统智库及媒体的知识内容。基于图书馆的“自媒体智库”方便了人们在这一平台讨论社会经济、热议时政等话题，给予用户更大的讨论交流空间。与传统智库相比，基于移动新媒体信息传播技术的“自媒体智库”打破了传统智库的空间壁垒，形成了知识的即时互通，加速了知识的交流，为政府建言献策提供了可能，同时体现了全民参与国事的精神，畅通了由下至上的交流渠道。

（二）移动新媒体信息传播技术在图书馆品牌传播中的应用

图书馆在品牌的传播过程中应考虑成本问题，用最低的成本将图书馆信息服务品牌推销出去，为用户提供更加方便快捷的服务是图书馆品牌营销的最终目的。在传统媒体时代，图书馆通过报纸、杂志、宣传条幅等方式宣传图书馆。而移动新媒体信息传播技术的出现改变了图书馆的这种宣传方式，其根据越来越多的用户将注意力由物理空间转向虚拟空间这一特点，通过网络进行宣传达到品牌推广的目的。图书馆正在逐步改变与用户的沟通方式，通过移动终端设备与用户建立关联，这种关联关系的改变促使图书馆服务品牌传播模式也随之改变，移动互联网正逐步成为图书馆全新的服务界面。在品牌传播模式的转变过程中，图书馆应以用户的兴趣为中心，采取多种方式，引入多种新技术，不断强化与用户之间的联系，实时进行互动，并通过利用位置关联机制，形成基于图书馆的用户圈层。

（三）移动新媒体信息传播技术在图书馆协同互助中的应用

信息社会，信息获取对于每个人都至关重要。人们通过计算机、平板电脑等设备互通有无，形成工作圈和生活圈，并在圈子中分享信息。图书馆可以通过这些智能终端设备与用户建立特定的联系，及时搜集用户的各类行为数据，通过数据挖掘和分析，为提升图书馆服务水平打下基础。传统图书馆在开展协同互助时，是将用户进行分类，并划分为多个不同的群组。但在大数据时代，每位用户都是一个个体，图书馆应及时改变传统的用户划分模式，通过个性化的信息推送方式满足不同个体的差异化需求。面对用户差异化的需求，图书馆信息服务要及时与用户建立互助协同关系。对于用户而言，协同互助可以帮助其了解更多的图书馆馆藏信息，满足自身的需求；对于图书馆而言，协同互助可以帮助其了解用户的个性化需求，使图书馆与用户的联系更加紧密，从而提升图书馆的个性化信息推送水平。

信息社会信息碎片化现象越来越严重，移动新媒体信息传播技术将碎片化信息进行集中整理，同时将用户纳入其中，让用户成为媒体传播的一员，这不仅提高了用户在图书馆发展过程中的参与程度，而且提高了图书馆的信息服务水平。

六、计算机技术在图书馆中的应用探究

（一）数据挖掘技术在图书馆中的应用

在现代科学发展之中，数据挖掘技术是一种符合社会发展需求的产物，其主要是指将不同的、随机以及模糊的数据进行充分的挖掘。挖掘数据期间，并非任何的时刻都可以进行，具有较多的注意事项。首先，应该对于潜在数据信息资料进行充分的调查，以及深入的分析，之后按照图书馆需要，形成信息数据库，实现不同信息资料的分类以及统计。最后，充分挖掘数据库，采取人工智能以及数据统计等形式，在图书馆建设中有机的

结合起大数据内容。在实践应用计算机技术期间，会应用到三种主要的挖掘技术，即数据挖掘、Web 数据技术、文本数据挖掘，将图书馆的服务做到个性化，满足大量读者的各种需求。

（二）网格技术在图书馆中的应用

现代化图书馆的发展中，需要网络技术的支持。应用网络技术，获得到图书馆信息共享的目标，严格的依照信息图书馆的基础构架，建立起科学的网格体系。进行网格目标的实现中，应该做到透明化的访问不同信息内容，推动落实好本地数据和异地数据一体化目标，在图书馆工作中密切的实现语义信息的共享，使得信息目录的服务更加清晰，维护好图书馆的网络环境，并促使不断地更新相关数据。另外，实施准确的数据信息，对网格的安全机制展开保护，确保网格安全，进而实现平稳可靠性的运行信息共享。

（三）二维码技术在图书馆中的应用

经整改传统的图书馆自动化管理系统，可以把图书编目信息在二维码中进行统一的存放，并依照实际的需求，把有关的文献资料在其中加入。例如，一些图书带有光盘，则能够把光盘介绍以及位置，以二维码形式打印出来后，在图书或者期刊上面进行粘贴，让读者阅读时能够提升便捷性。应用二维码举措以后，实现了图书馆在特殊情况时也可以应用，即使图书馆停电，打印出的二维码依然能够工作，把其在手机当中存入，在系统恢复良好以后，在服务器内将数据导入。另外，二维码技术不仅能够实施文献检索以及电子资源讲座等，还能够将相关的课程以幻灯片或者录像等形式在网络上供读者、学者等群体应用，让人们可以获得最先进的学习体验。

（四）计算机技术应用于虚拟参考咨询中

新的时期，需要图书馆管理理工作为读者提供更新型化的、优质舒适的信息服务模式，其中便包括了虚拟参考咨询服务。对读者进行服务期间，应用的基础就是网络技术和多媒体技术，采取多样化的形式，即网上在线聊天、数据库以及邮件等举措，将信息服务做到更加丰富。以网络形式提供给读者相应的服务，所以这种情况下读者不会受到时间以及空间的限制，可经终端系统途径对问题提出，另外图书馆管理者只需要经终端系统，便可以对患者的疑虑问题展开回答，让读者和专家学者、图书馆工作人员实现无缝对接，进而从整体上将工作的效率提升，更加丰富读者阅读体验。

七、计算机网络技术在图书馆工作中的应用优势分析

（一）优化图书馆服务功能

在图书馆工作中应用计算机技术，突破传统图书馆工作上的时间以及空间限制问

题，让人们在阅读管内的藏书信息基础上，并可以经互联网模式得到更加广泛的信息资源，将图书馆服务功能不断地扩大。计算机网络信息可以提供联机编目，让联机检索工作更加便捷，让网上不同馆之间利用中央书目数据库中的数据，实现自身编目，并且提供给联合编目中心本馆中的相关数据资料。这种情况下，可以获得到更准确、更便捷、更规范的数据，实现资源的共享。也就是指经浏览、查询的方式，得到读者自身需求的信息，将图书馆藏书不足与人们对于知识需求旺盛的不平衡问题进行消除，获得到优越的服务享受。

（二）推动建立数字图书馆网络

数字图书馆属于全新科学技术，其涵盖了两种内容，即把纸质图书转化为电子版的数字图书，和电子版图书的存储、沟通以及交换。在社会经济不断发展的情况下，不断加大需要存储、传播的信息量，并且丰富信息内容。发展数字图书馆模式，将传统图书馆的所有功能进行囊括，让其服务更加周到，采取计算机网络通讯等高新技术、检索手段创造性的应用，运行信息程序。

（三）提升图书管理人员综合素质

图书馆工作中，图书馆管理者是核心的主体，其工作水平能够深刻地影响图书馆管理创新和发展的方向。所以，必须要将图书馆管理者的综合素质有效提升。通过积极的纳入专业知识较强的数字信息技术工作人员，形成图书馆计算机信息管理平台，提升图书馆管理水平。定期的组织管理者以及员工进行培训，让图书馆人力资源充分的开发，制定并执行完善的培训体系以及选拔体系，让其可以不断地学习先进的计算机技术，适应工作能力的需求。

（四）加强计算机运行环境管理

采取计算机工作系统展开管理，可以将图书馆管理工作效率进行提升。但是实际应用期间，图书馆人员要定期的实施系统的杀菌以及消毒，防止计算机病毒破坏图书馆管理系统，维护计算机系统平稳运行。而且图书馆管理者应该对系统数据实施备份，防止丢失图书馆有关数据资料。另外，需要加强计算机硬件管理，及时清除计算机硬件故障问题。

在计算机技术产生以后，让各类信息资源能够最大限度地将网络作为媒介，达到资源共享的效果，推动了整个社会科学技术不断发展。将计算机技术应用到图书馆工作中，不仅能够实现图书馆管理工作质量的提升，而且为读者带来诸多的丰富体验，让图书馆事业更加现代化。

八、信息技术在高校图书馆管理中的典型运用

（一）实现虚拟参考咨询服务

所谓的虚拟参考咨询服务是指以网络为基础，以多媒体为依托，通过常见问题解答、数据库、邮件、Web表格、在线聊天共同浏览等形式满足读者的各种信息需要的一种新型信息服务模式。从定义我们可以看出，这种信息服务模式，不再受时空的限制，读者可以利用终端系统，随时随地地提出问题，而专家学者及其图书馆工作人员则可以通过终端系统随时随地地回答读者的问题，这样就做到了读者和专家学者及其图书馆工作人员的无缝对接，大大提高了工作效率和读者的体验。例如，现在高校图书馆的一种普遍做法：网络预约书服务，就是当你发现你想要借阅的书籍正好已被其他的读者借阅，这时候，你就可以通过图书馆终端系统预约这本书，等到该读者归还该书籍时，图书馆工作人员会第一时间通知你预约的书籍已经可以借阅了，不但节省了用户的时间还提高了文献、书籍的使用效率。

（二）实现高效率、准确的信息传递和检索

通过信息技术，能很好地提高高校图书馆信息检索和传递效率和准确度。现代高校图书馆的信息传递多采用现代信息技术，特别是计算机网络技术，将传统的脱机信息检索、联机信息检索，升级为网络检索甚至是智能检索。在知识经济时代，信息大爆炸，我们在面对海量信息的时候往往不知所措，所以往往不是我们缺少信息，而是我们拥有的信息太多而不知道如何筛选对我们有用的信息。这就对高校图书馆提出了更高的要求。传统意义上的高校图书馆仅仅负责按照读者的要求机械的检索出相关信息，但这已经不能适应现代社会的发展；现代社会读者要求图书馆不仅能按照读者的要求检索，还要帮助读者进行综合的分析，甚至根据读者的检索偏向而进行智能的筛选，并最终输出一个综合信息给读者，而不是机械的检索。信息技术中的相关技术正好适应了现代高校图书馆的发展和读者的要求。

（三）实现高校图书馆信息互享

党的十七届六中全会提出了“文化强国”的目标，高校图书馆对社会公众开放，是大势所趋。中国高校图书馆有一个共同弊端：无论是网络平台还是现实的查阅服务开放性都不够。当然这和每个高校图书馆的投入经费和人力物力保障也有关系。而通过信息技术的计算机网络平台，可以在不过多增加投入的情况下提高高校图书馆的服务水平和能力。高校图书馆可以通过网络平台实现不同馆之间的信息共享，一部分高校已经开始做了，但是开放的程度还远远不够。

九、图书馆运用信息技术进行管理过程中的问题

（一）信息技术运用形式化严重

信息技术是个工具，仅仅能为我们提供一个好的平台，优化高校图书馆所提供的服务，但绝对不能替代人的服务。在一些高校图书馆就出现了为了追赶现代化而采用信息技术，导致好多设备没有发挥其应有的能力而逐渐沦为摆设。例如，作者走访过一些高校图书馆，发现好多高校图书馆都建设了网络图书室，本来网络图书室是提供网上信息的检索和下载功能的，但通过和读者交流，好多读者反映所谓的网络图书馆仅仅是高校镜像的网络资源，而真正意义互联网上的资源由于网速达不到而无法使用。还有一些网络词典终端，网络课程终端等，由于其操作的不方便性往往使这些设备最终都变成了摆设。

（二）高校图书馆工作人员理念更新慢

高校图书馆引进以计算机为核心的信息技术，不但改变了传统高校图书馆的管理和运行机制，还改变了传统高校图书馆的功能模式。但是，由于受传统思想观念的影响，一些图书馆工作人员对信息技术的作用没有给予足够的重视，还停留在经验至上的层面，业余时间又不愿意主动提高自身的信息素质；对高校图书馆以及高校、社会、科学研究三大系统图书馆的资源共享形成了很大的阻碍，同时也不利于建设信息化的高校图书馆。

（三）财力、人力投入不足

一些学校领导不重视图书馆的建设，导致部分高校图书馆经费和人力长期严重不足，大大制约了信息技术在高校图书馆中运用。按照教育部的规定，大学本科生人均占有图书馆面积 2.1 平方米，生均图书 150 册，硕士生和博士生的要求更高，国内几乎没有大学可以达到这个标准。由于经费的不足随之带来的问题是人才不足，服务质量下降甚至影响学校的发展。传统思想认为高校图书馆在教学科研中仅仅起到辅助作用，所以导致图书馆工作人员的整体年龄偏大，再加上他们原有的专业知识已经陈旧，在学习网络多媒体信息技术、外语等能力水平有限，都直接制约着现代图书馆的建设。

十、加强信息技术在高校图书馆管理中应用的措施

（一）转变思想观念，强化对信息技术作用的认识

信息技术在高校图书馆中的运用不仅仅是简单的保存、存储功能，更是通过对现代信息技术的运用来促进我们管理工作的完善，帮助我们管理工作的创新。另外，还要强化对信息时代中“信息”理解，因为知识仅仅作为信息的一种，我们不能把知识当成信息的全部。所以，通过信息技术的应用使图书馆的作用不再仅仅是知识的存储、传播等，更多的是要把图书馆变成信息中心。但是我们要看到，无论信息技术如何运用，最终的管

理和创新工作都还是要图书馆的管理人员来完成的，所以，必须转变高校图书馆工作人员的思想观念，强化对信息技术作用的认识。

（二）加大硬件和软件投入，促进信息技术在高校图书馆管理中的运用

首先，要完善高校图书馆数据库的建设，以数字信息为核心，构建现代化的高校图书馆。不但要加强自身的数字化，还要完善不同高校图书馆之间文献互借信息服务系统，使不同高校间的图书馆的合作和交流常态化。其次，要建立健全网络信息资源的管理。因为信息时代，信息大都数字化，网络信息的量往往要比传统书籍、文献等信息的量大的多，所以必须建立健全网络信息管理系统。对网络信息进行分类、分层级管理，以提高高校图书馆的信息中心功能，从而提高服务质量。

（三）利用信息技术拓展和丰富服务内容，使信息技术不再流于形式

首先，高校图书馆工作人员要转变自身角色；要从事务型工作人员转向导向型工作人员，积极运用计算机信息技术来完成各项工作，以增强自己的专业性和服务性角色，进而更好的服务读者。其次，要不断开发新的信息资源，特别是要深挖网络资源，积极创新，创建有特色的高校图书馆，而不是千馆一面。再次，要拓展信息咨询服务的范围，这就要求高校图书馆要积极构建完善的信息咨询服务系统，向读者提供优质的信息咨询服务。

随着信息技术的发展，信息技术已经渗透入各个领域，这在一定程度上促进了高校图书馆的发展。所以，高校图书馆大量运用信息技术已是大势所趋，但同时我们应该看到，信息技术在高校图书馆中的运用还存在着很多问题，这就要求我们高校图书馆要不断地改变管理模式，积极引进信息技术，以更好地发挥高校图书馆作用。

第三节　现代图书馆的知识管理与知识服务

当前社会已进入知识经济时代，图书馆作为人类知识的宝库，必定要顺应时代潮流，创新知识管理和服务手段。高校图书馆是高等院校开展教学和科研工作的主要保障，是知识资源和智力资源的集中体现，同时也是全社会知识经济的重要载体。提高知识管理和服务工作水平，无论从理论到实践，都是高校图书馆的一项刻不容缓的重要工作。高校图书馆要充分发挥对知识的运用和管理功能，使高校图书馆成为当前环境下用户获取和传递知识资源的首选，以提高其自身的地位和形象。

一、高校图书馆知识管理工作的核心

高校图书馆知识管理工作要求运用科学的知识管理理论和方法，通过提高文献资源的利用率、增强用户信息资源的可获取性以及用户知识服务的满意度等形式不断创新图书馆知识管理工作，以便更好地为读者服务。高校图书馆在开展知识管理工作时要以以下几个方面为核心。

（一）以人为本，重视人的参与和体验

21世纪现代图书馆工作重心将从“书本位”向“人本位”转移、业务重心从第二线向第一线转移、服务重心从一般服务向参考服务转移。知识管理崇尚以人为本的理念。高校图书馆知识管理工作的核心是人，表现在人的参与和人的体验两方面。首先，馆员是从事高校图书馆管理的主体，对图书馆的知识管理离不开馆员的参与。在开展图书馆知识管理工作时，要充分调动馆员的积极性，让馆员全面参与进来。其次，高校图书馆知识管理工作要以用户的体验和反馈为核心。用户信息资源的利用程度和对信息服务的满意程度是衡量图书馆知识管理工作的指示器。高校图书馆知识管理工作需要用户的广泛参与和体验，根据用户的要求和意见及时改进管理模式和服务方式。

（二）加强合作，增进知识资源共享

用户知识共享的程度是高校图书馆知识管理工作效果的重要指标。用户知识共享的多少能反映出高校图书馆知识管理工作的好坏。高校图书馆不能只满足于自身所拥有的馆藏知识，而要建立与多个馆之间的协同合作体系，形成一个相互补充、相互利用的文献资源保障系统，以增进知识资源的不断共享。高校图书馆馆藏资源共建共享工作可通过OPAC、Calis等系统来实现对文献信息资源可共享的保障，以形成国内，甚至国外间的知识共享体系。

高校图书馆进行知识管理，也不能只限于对浅层技术的应用，还应当致力于隐性知识的共享。高校的校园文化、图书馆文化等作为隐性知识，是图书馆读者的教师、学生能够共享的独特的知识资源，对于提高学习效率、知识水平、科研能力有着特殊的价值，是知识资源共享的重要对象，值得高校图书馆予以特别的关注。

（三）抓住机遇，重视知识创新工作

国内学者盛小平认为，图书馆知识创新管理就是对知识的生产、扩散和转移及其由相关机构和组织所构成的网络系统的管理，它包括知识的理论创新管理、技术创新管理与组织创新管理三个方面。国内学者吴慰慈认为，如果说信息资源管理是数据转化为信息，并使信息为组织设定的目标服务，那么知识管理则使信息转化为知识，并用知识来提高特定组织的应变能力和创新能力。知识创新是图书馆发展的不竭动力，现代高校图书馆要想打赢由网络替代图书馆来开展知识的组织和传递这场战争，必然要重视知识创新工作，通过知识创新来调解各种矛盾，力争成为用户利用和传递信息知识的首选。

现代社会经济和科技的发展使人们开始重视精神建设，对图书馆有更高的要求，所以现在的很多图书馆都开始转变管理模式，对图书馆的定位、管理和服务都进行了创新。现在社会服务意识和服务观念极为重要，所以在进行图书馆的管理创新时也要加强服务意识，提高图书馆的竞争力，优化图书馆的管理和服务，给用户提供更好的阅读服务。

二、图书馆知识管理

（一）遵循知识管理理论，引导图书馆服务

利用知识管理理论对当前高校图书馆的服务进行引导，具体可从以下两点予以实践：

1. 丰富高校图书馆服务内容的知识性。当前的知识经济时代对高校图书馆知识需求有着非常大的影响，在提供知识服务的工作内容中，高校图书馆应将网络虚拟资源与馆藏的实体文献资源进行有机整合，为读者提供更为丰富的知识性服务。

2. 深化高校图书馆服务方法的知识性。高校图书馆开展不同形式的服务模式，有效激发图书馆管理工作人员的工作积极性，通过对读者的信息需求进行研究且对信息知识进行加工，进而将知识信息的无序变为有序，将固化变为活化。

（二）构建全新组织结构，助推组织机构重组

高校图书馆为促进知识管理实践的有效性，应构建全新的组织结构，并且要始终围绕有序化活动和管理方法作为主要内容予以构建。在当前信息技术的快速发展形势中，高校图书馆的业务结构也发生了一定的变化，应积极采用知识型组织体系，具体来讲也就是加强横向联系，减少纵向层次，使得高校工作人员可直接提供建议以及信息，通过组织机构的进一步简化达到快速无误的信息传送与知识传递，从而加强并支持知识管理活动。

（三）结合信息科学技术，建立知识管理系统

为能够在高校图书馆管理工作中合理应用现代信息技术，需要建立高校图书馆的知识管理系统，通过现代信息技术去实现对知识的获取、识别、转化以及组合、传播，进而促进图书馆的管理。一般来讲，知识管理会涉及非常多的领域，那么究竟要如何在高校图书馆中应用知识管理系统，一直以来都是人们重点探究的课题。针对图书馆知识管理系统的开发，其客户服务器结构可分为三层，主要由服务器层、中间层以及客户层构成，在这其中服务器层主要包括服务器的特殊应用与服务器操作系统；中间层则主要包括服务性中间件、传输站、网络操作系统；客户层着主要包括用户操作系统、用户界面等等。

三、高校图书馆知识管理的重要作用

高校图书馆日常管理工作便是对其馆藏知识进行整理、分类以及数据处理，便于读者进行知识查阅，其工作性质刚好与知识管理理念不谋而合。在当前知识经济时代背景之下，对高校图书馆管理工作也提出了更高的要求，相关管理人员要充分掌握管理书籍、先进服务以及相应的信息技术，这也是时代发展的必然结果。知识管理在高校图书馆中发挥着积极的推动作用，随着对知识管理的高效实践，能够有效提升图书馆的竞争实力，

并且为广大读者提供更为人性化的知识服务。

（一）满足拓展服务功能的需求

在高校图书馆当中，有着非常丰富的信息资源，在当前的知识经济时代，高校图书馆应转变传统的管理模式，在日常的管理工作中渗透知识管理理念，能够满足当前高校图书馆深化及拓展服务功能的需求，进而提高高校图书馆知识服务的质量水平。此外，高校图书馆的知识管理模式，能够全方位、多角度地拓展自身服务功能，凸显出知识服务功能的优越性，进而促进自身的发展。

（二）实现隐性知识与显性知识的共享

所谓隐性知识，是指潜藏在工作业务当中以及人的大脑当中还未发掘的经验与知识，相反，显性知识就是以各种形式载体表达的数据、文献资料、研究报告等等。而高校图书馆的知识管理则是通过采集信息、放大潜在知识、发掘信息资源中所隐藏的潜在知识单元，进而实现其从隐性知识到显性知识的转化过渡，也有效实现了隐性知识与显性知识的共享。

（三）助推高校图书馆可持续发展

在当前的知识经济背景之下，高校图书馆也发生着相应的变化，如信息更为复杂、资源环境多变以及技术条件有所提升等等。此外，随着通信技术、存储技术以及计算机网络技术的快速发展，高校图书馆在信息资源传播手段、馆藏资源建设以及建馆模式方面都逐渐呈现出虚拟化、网络化以及数字化的特征。同时，高等教育的规模不断扩大，图书馆读者环境也在不断变化与扩招，这些变化都要求高校图书馆应该对知识进行快速且准确地收集、处理、储存与传递，同时还要重视对知识的创新，来满足不断发展的读者需求，进而在激烈的竞争出保持足够的竞争实力，助推高校图书馆迈向可持续发展的道路。

四、图书馆知识服务

知识服务是以读者为中心，为读者提供各种服务的服务方式，人们的发展需求要求图书馆实行知识服务，这也是图书馆发展的关键。

（一）知识服务组织

知识服务的组织就是在知识捕获和预处理的基础上，通过知识挖掘，对信息进行精简、提取，发现隐含在信息中的有用知识单元，并对其进行集合组织，使之序化，以便于人们识别和理解知识。现在随着科技的进步和发展，图书馆中科技的运用也十分普遍，尤其是图书馆中的网络信息检索服务，能够对图书馆中的信息进行共时、多向的检索，所以现在很多图书馆都对图书检索功能进行了数字化的处理，建立起图书馆的信息库，对馆内的书籍和信息进行记录和更新，方便读者进行知识的查询和交流。在现在的环境下，图书馆实行网络资源的开发是极为重要的，能够将馆内的图书资源进行记录和管理，为读者的阅读和查询提供更加便利的方式。

（二）知识服务的开发

知识服务的开发是通过智能化的手段将每天的海量信息进行挖掘和整理，从中寻找到对读者有意义和帮助的信息，如各种专业性的期刊和杂志之类，能够为读者提供很多的帮助。除此之外，知识服务的开发还要注意对读者思维中的隐性信息进行开发，将那些隐性信息显性化，然后图书馆对其进行进一步的开发和管理，建立相关的知识链接和知识库，为读者提供专业和细化的知识服务。

（三）知识服务的形式

知识服务的形式是建立在知识组织的基础上，根据读者的要求针对具体的用途和目标，系统地采集各个层次的知识信息进行深层次的加工，寻找知识之间的内在联系，通过智力活动形成独特的知识产品，从而为读者进行各种服务，解决读者的问题。现如今图书馆的知识服务主要是通过互联网技术，从海量的信息中寻找到读者需要或者感兴趣的信息，然后进行梳理和总结、记录，根据读者的各项需求，搜集和整理各种类型的信息和知识，并安排和协调有关的服务工作，建立服务机制，帮助读者获取信息资源，为读者提供满意的服务。

现代社会的科技进步给图书馆的发展提供了更多的助力，加上现在人们对于精神文明的追求，使得图书馆的管理意识和服务水平都要进一步提高，所以进行知识管理和知识服务是图书馆重要的发展方向。

五、如何提高图书馆服务工作的质量

（一）借助信息化技术来提高服务质量

我国传统的图书馆特色化服务其实都是依托在特色化的实体馆藏，不过在当今网络的环境之下，无线网络资源和有限馆藏资源一起构成了如今图书馆的信息服务基础，所以图书馆更需要更加深入地去加工自身文献的资源，并深入到知识的单元内部，并借助网上的信息资源去建立自身特色化的数据库。由此可见，现在信息环境下的特色化的图书馆服务都是指特色化的数据库来提供信息服务。所谓特色数据库就是特色技术还有特色内容所构成的，其中特色内容指的就是依据馆藏的特点和已有馆藏的资源来开发具有特色的图书馆内容的体系，而这个内容体系应该是积极为大众服务的。而特色技术指的就是有一定规模，并具有可靠的检索功能，而且需要有互动界面、多媒体信息并提供全文的检索。其实特色化的数据库就是服务内容，是能够吸引用户的最重要因素。另外，图书馆也要考虑到用户能为用户提供一些特色服务形式，比如记录用户相关需求的信息等。

（二）定制分类信息的服务方式

所谓分类定制，其实就是信息用户能够根据自己具体的需求还有目的，在一个特定服务形式还有系统功能之中，自由地来设定信息相关的表现形式、资源类型来选取特定系统的服务功能等。不过，现在基于分类定制服务还有数字图书馆的信息服务主要形式。其实分类定制方法都是建立在数字图书馆的数字信息内容的分类与定制以及用户细分基础之上的。数字图书馆的网站最先需要做的就是依据自己内容还有其他服务的特征来确定自身用户，然后按照市场细分化的原则来对永华进行划分，将其分为几个有着相似性的信息需求用户群，之后再依据潜在用户群来对现实馆藏以及虚拟馆藏各类服务还有信息内容进行一定分类，并形成几个服务和资源的模板，让用户的定制目标能够集中在模板上体现。如果用户向系统提交了个人信息还有定制选项之后，这些用户信息就会被放入用户的数据库之中。

（三）利用知识经济的发展来进行知识服务

所谓知识服务，其实就是为了与知识的创新需要还有知识的经济发展相适应，依据用户的问题来进行方案目标的解决，并通过分析用户的问题环境还有知识需求来为了解决整个用户的问题而提供的一些信息进行分析、重组还有创新以及集成之后正好形成了与用户需求相符合的一些知识产品服务。其实知识服务和信息服务都一样，是智力型的服务范畴。而且知识服务其实就是采用多种方法还有渠道来从大量的文献资源宝库中进行开发和技工，提取出需要的知识资源，还有那些可以被共享、沟通的一些经验还有认识，当然也包括组织起来的一些信息。通过有序地揭示事物本身还有内在的联系，能够提高知识可见的程度，便于用户去吸收还有利用知识并从中得到启示。但是信息服务其实就是基于消息、数据、音信还有体验等的一种服务，指的是通过开发这些信息的资源，来解释事物表层联系还有外在特征，以方便用户进一步去获取自己需要的一些知识，并获得启发。

（四）用全新的服务理念去进行服务

现代的图书馆不只是依靠阅览还有外借这些方式来给用户提供一些印刷书籍的地方，现在也开始提供参考咨询、检索情报、报道编译还有情报服务等，并提供展览还有专题讲座等的服务。如今的图书馆想要实现服务职能，主要是通过提供信息的咨询服务还有信息的资源服务来进行的。不过图书馆的服务内涵不仅是要满足用户而来开展各种工作，还需要意识到图书馆服务的理念、质量、环境的重要性，同时也不能忽视馆员的服务能力还有态度。所以图书馆必须树立人性化服务的理念，以此来体现其价值，并且在满足用户还有社会的需要的过程之后再难过，用人性化的方式配置相关服务资源，传递尊重人这一价值观念，并培育人文的精神、实施人文的关怀、营造人文的环境。另外就是要充分调动馆员积极性还有创造性，真正实现图书馆服务的价值。也就是说，图书馆必须要从用户的需求还有利益的角度出发,来为用户提供全心全意的服务。

综上所述,随着我国经济的快速发展还有科学技术的不断进步,传统的图书馆服务方式已然不能满足社会大众的需求,而且对精神文化有着越来越高需求的社会大众对图书馆也提出了更高的要求。所以,图书馆想要在信息化高速发展的现今不被淘汰,就必须要加强自身管理,提高馆员还有领导的素质,调动积极性和创造性,并转变服务理念,充分依靠信息技术来提高服务质量,为用户提供更为可靠、安全的信息服务。只有这样,才能保证图书馆的进一步发展,并为社会的文化发展提供助力。

六、知识管理支持下高校图书馆学科服务改善策略

(一)及时更新学科服务理念

要想充分体现出知识管理模式在高校图书馆学科服务中的应用优势,首先就要及时更新学科服务理念。高校图书馆应该从知识管理模式对高校图书馆学科服务的基本要求出发,调整馆藏结构,提高馆藏质量,协调图书收藏与利用之间的关系,调高图书资源的利用效率,充分挖掘图书资源的潜在价值。并对现有管理方式进行优化、改进,完善图书馆组织、馆员及图书使用制度,以知识管理为指导思想,构建一套全新的学科服务工作体系。

(二)明确用户的核心地位

用户作为高校图书馆学科服务的对象,用户的满意度直接决定了服务质量,所以在运用知识管理模式的时候,需要明确用户的核心地位。高校图书馆应该树立以人文本的主动服务意识,加强对用户的调查力度,分析不同用户群的实际需求,构建不同类型的业务模式,结合用户特点及需求,为其选择一套更加合适的服务方式,并及时根据用户需求的变化对服务方式进行调整。另外,可以加强与高校各院系的沟通,以图书馆作为活动场地,开展学科活动以及学术研究,实现对知识的二次创造。

(三)提高图书资源共享力度

提高图书资源共享力度,可以有效提升高校图书馆学科服务质量。高校图书馆在利用知识管理模式开展学科服务工作时,应该从显性知识和隐性知识两方面入手,实现知识的共享。通过加强图书管理、规范图书使用准则,可以实现线性知识的有效共享;通过培养馆员的学习共享意识和创新意识,加强馆员与用户之间的交流,可以将隐性知识转化为显性知识,实现隐性知识的有效共享。

(四)建立特色图书资源库

利用具有鲜明特点的图书资源库,能够提供特色学科服务,所以高校应该加强特色图书资源库的建设力度。首先,对现有图书资源进行整合,以计算机技术和网络平台为

基础，构建信息化图书馆管理系统，加强对纸质图书资源和数字图书资源的全面管理。其次，应该将高校的办学理念、地域特点融入图书馆学科服务工作中，加强与学校教学机构及科研机构的交流。

第四节　现代图书馆的人本思想

对图书馆管理模式、管理体制、管理手段等的研究是现代高校图书馆的管理理念，不过很少有人去关心高校图书馆的人本管理思想，从而忽视了它的作用和主导地位。目前，传统的高校图书馆管理模式很难适应以知识为主宰的二十一世纪。那么如果能够意识到人本管理思想的重要性，重视其在管理中的地位，以及如何发展高校图书馆的理念，都将具有重要的意义。

一、人本管理思想的基本内涵及现实意义

（一）人本管理思想的基本内涵

以人为中心，取代以物为中心，这是人本管理思想的效益观与价值观。简单地说，人本管理就是对人的管理。因为建立图书馆的目的就是为了能够方便人去搜集信息，也就是说图书馆主要是以人的集合，而不是物的堆积。在对人的管理基础上去实现对信息资源的支配，这种模式已经决定了图书馆管理必然是人本管理。而且它具有两层含义，具体如下：

1. 把人的因素要摆在高校图书馆管理的首位。也就是说在管理的过程中，起到主导地位的是人，然后在运用上赋有主动、创造性的调动方式去激发管理员的创新意识，让他们更好的投入到高校图书馆的活动当中。

2. 人本管理思想的哲学含义就是为了能够通过以人为本的高校图书馆的管理活动，以此锻炼馆员的意志力以及智力等等，从而达到让馆员获得全方位自由发展的目的。

（二）人本管理思想在高校图书馆管理创新中的现实意义

1. 人本管理思想是对高校图书馆传统管理思想的一次改革

采用重物、重制度的传统高校图书馆管理方法已经根深蒂固，而且目前还是摆脱不掉借借还还这种以工作为中心的思维方式。在图书馆的管理模式中，主要权利还是掌握在一些少数管理人员手中，其他的管理员只能是服从命令，并没有实际的发言权和控制权，因此管理员的创造力就很难得到发挥。而随着时代的发展，高校的图书馆管理思想也在发生着根本性的变化，目前已经把人才看成是高校图书馆最主要的资源，这为高校实现图书馆人本管理创造了有利条件，进而也能够完全取代此前出现的民主管理、目标管理。

2. 人本管理思想在高校图书馆管理创新中有着坚实的现实基础

人本管理思想随着高校图书馆管理水平的提高而被应用的越来越广泛。人本管理就是对图书馆工作人员的管理，通过对图书馆组织和图书馆系统工作的研究，以此来满足图书管理员的不同需求。其意义在于能够激发管理员的工作热情，让管理员能够得到全面的发展。但是目前与西方国家相比，我国的高校图书馆管理还相对落后，这主要体现在管理模式、管理体制以及管理方法和手段方面。但是我国的人本管理思想在高校图书馆管理中的推广和运用由于儒家思想的渗透而为其提供了坚实的基础。

二、高校图书馆人本管理的必要性

（一）促进员工创造性思维发挥

图书馆馆员是管理的实施者，以人为本的管理理念，就是要对这些实施者进行综合协调。图书馆馆员是思维活跃的人类个体，因此促进其创造性思维的发挥，对图书及相关配套设施进行更深层次的管理更具意义，这也是人本思想的本质要求。创新思维从本质上说就是不断改进管理的方式、方法，促使工作质量更好、效率更高，这也是现代高校图书馆人才建设的基本思路。

（二）利于组织系统规范化管理

图书馆管理是一个系统工程，既可作为高校系统的子系统，又可以独立成为独立的组织机构。对其进行规范化的科学管理，需要人本理念的渗透和支撑，图书管理员是该系统的重要组成部分，也是最为重要的核心要素，以人为本与生产力发展的内在规律不谋而合。现代组织管理就是把人的位置提到更为重要的位置，通过对人本身的发展，促进能动性发挥,进而完成对组织系统的规范化管理。当然这是一个相对漫长的过程。

（三）将“读者为本”理念有机融合

信息时代高校图书馆的功能、读者的阅读需求和阅读习惯已发生很大变化，“借阅是服务”“空间是服务”“阅读是服务”改变了传统图书馆的服务理念。因此，高校图书馆不仅要为读者提供更为丰富的借阅空间，更要打造让读者赏心悦目的人文环境。从这个角度看，为了满足读者的身心需求，高校图书馆就要把服务理念、内容和方式等都按照读者的客观需求来设计，不仅让读者更加快速方便地获取文献，还要提供个性化服务，满足读者沟通、交流、认知和创新的需求。

三、高校图书馆人本管理现状

（一）对馆员自身发展重视不够

馆员自身发展程度直接决定了管理服务主动性的发挥，因此，对馆员进行个性化管理显得尤为重要。目前，高校图书馆对馆员的管理普遍是机械化、教条式、粗放型，对馆员个人未来发展缺少规划和愿景，主要表现在以下几方面。首先，馆员专业发展的想法不被重视和采纳，缺少有针对性的馆员系统培训，即便有也是蜻蜓点水，缺乏深层次管理层面的培训。其次，馆员发展缺乏政策支持。高校图书馆过于重视文献资源的丰富，对馆员自身职业发展关心不够，同时没有与之匹配的政策和制度体系。在职称评定、薪级定级等项目中，图书馆馆员没有竞争优势，虽然属于行政管理，但在工资和福利待遇上并不理想；最后，馆员提出的图书馆发展建设性意见常因经费投入不足等原因被搁置，工作积极性和归属感受到极大影响。

（二）难以满足读者个性化需求

高校作为科学研究、文化传播的前沿阵地，在数据汲取、文献查阅上更加频繁和急切，对图书馆资源数量和人文服务环境等都提出了更高的要求，师生的个性化需求与传统图书馆之间的矛盾也日显突出，图书馆从某种程度上说已经并非传统意义上的首选。读者对图书馆的需求，不再仅仅满足于借书、查阅电子资料，而是需要图书馆提供更为专业的服务，如科技查新、定题服务、智慧图书馆等，这不仅需要增加硬件投入，更关键的是从管理层面到普通馆员，都应将读者个性化需求放到首位，以读者需要为工作准则，真正实施人本管理理念。

（三）服务环境建设缺失

目前，我国很多高校图书馆开馆时间长，读者流量大，存在纸质文献损毁严重，电子数据库学科分布不均衡，个别查询系统使用烦琐，在急需时查阅不到有用的数据信息等问题；图书馆空间改造受面积、经费投入不足等因素的制约，难以形成良好的人文环境和服务环境。另外，馆员的服务理念、图书馆的管理理念都还比较落后，服务态度和质量都难以满足读者的要求。

四、现代图书馆管理和服务人本化的内容分析

（一）现代图书馆服务的人本化

可以说，人们的需求推动了现代图书馆事业的发展。由此也可以看出，现代图书馆需要永远贯彻的一个主题就是为读者服务。因此在图书馆当中的工作和管理人员，也需要跟上时代发展的脚步，在现代图书馆当中为读者提供更加人本化的服务，以求实现人本化的服务特色。而这其中，图书馆馆管理和服务人员首要树立：一切为了读者，为了一切的读者，为了读者的一切这种先进的人本化服务理念。现代图书馆的主要职能依旧没有发生变化，也就是在图书馆当中为读者提供知识的服务。由此也可以看出，现代图书馆并不是为所有的读者服务的，所以现代图书馆更加需要明确自己的服务对象，也只有现代图书馆明确了自己的服务对象，才能明确自己服务和管理的内容。

现代图书馆要要根据读者的需求，来创造一个具有自身特色的馆藏机制，建立一套

属于自己的图书馆管理人员和读者的交流平台，了解读者不断变化的需求，以此作为依据来调整现代图书馆的馆藏结构，形成读者和现代图书馆统一协调的有机整体。在现代图书馆的人本化服务事业当中，如果不能建立起牢固的为读者服务的思想，那么自身的服务态度也可想而知，如果服务的方法出现了差错，那么也难以发挥现代图书馆庞大的馆藏书籍能够发挥的作用。因此，只有树立正确的为读者服务的人本化现代图书馆服务思想，才能充分地发挥现代图书馆的馆藏作用，满足读者需求。服务时间是现代图书馆对读者的服务时长。在当今社会，信息的时效性很强，因此在现代图书馆的服务当中，也要求信息的及性时和准确性，由此，现代图书馆当中的管理服务人员必须具备一定的现代化信息技术功底，才能运用好现代化通讯和网络技术为读者提供更加快捷的信息服务

（二）现代图书馆内管理的人本化

现代图书馆功能的实现往往要依靠科学的管理来作为推动的原动力。而要想体现服务的人本化，那么图书馆的管理也必须人本化。两者相辅相成，缺一不可。

因此，要想在现代图书馆的管理事业当中实施人本化，首先需要创造出一个适合全体图书馆工作人员工作的良好环境。现代图书馆从多方面来看，都具有相当的独立性和系统性，因此要想实现现代化图书馆管理的人本化，在满足了图书馆的基本功能基础上，更要尽量满足图书馆当中工作人员物质和精神上的需求，达到图书馆的工作人员和图书馆的理念高度合一；其次要做到的就是将更多的不同类型的人才吸纳到现代图书馆的管理工作当中，不仅要做到留得住和用得上的原则，更要让这些人才在工作当中获得更好的发展。在留下人才的方面，要做到“情感留人、待遇留人、事业留人、发展留人”的原则。而在图书馆的用人方面，要尽力做到知人善用，做到人尽其才；其二则是要为每个馆员都创造一个良好的工作平台和发展的平台。

现代图书馆可以说也是图书馆当中管理人员不断发展的重要平台，因此在进行人本化的现代图书馆管理事业建设中，不但要根据社会和读者的需求，更要结合实际图书馆的发展现状。明确现代图书馆的办馆思想，制定现代图书馆在今后的发展政策，不断对现代图书馆当中的管理体制进行创新和改革，引入国内外多种的先进经验，选择在恰当的时机调整图书馆内部的管理结构和组织，构建更加和谐的现代图书馆管理平台。加强对图书馆工作人员的工作考核，对其进行客观的评估，促进个人和现代图书馆的共同发展。

现代图书馆的管理和服务的人本化是适应现代社会需求发展所进行的一项必然的工作。在实施现代图书馆管理和服务人本化的工作上，要注意分别对待，结合看待两者之间的联系，将图书馆的管理和服务的人本工作进行共同的促进和发展。在图书馆内满足管理人员的工作和生活需求，在图书馆外满足读者对读书和信息的需要，从多方面来发展现代图书馆的管理和服务的人本化，用多种手段来促进现代图书馆管理和服务人本化的工作进程，努力为现代读者创造更加良好的读书环境，为社会做出更多的贡献。

五、高校图书馆人本管理思想实施路径

（一）更新观念树立人本思想

从学校层面来说，各级领导要认真贯彻落实《高等学校图书馆工作规程》精神，真正把图书馆当作学术机构，在经费投入、资金保障、政策倾斜等方面落到实处，而不是停留在口头或文件上，为图书馆实施人本管理提供保障。从图书馆自身来说，馆领导要从制度设计、日常管理等多方面重视馆员的专业发展和职业诉求，尊重馆员的辛苦劳动，发自内心地从馆员个人发展的角度考虑问题，让馆员真实感受到来自组织的关怀，这样才能使馆员在工作中尽心尽责。

（二）培养馆员主人翁责任感

个人常常会把尊严视作比生命更重要的东西，无论馆长还是馆员，虽然职级不同，具体工作内容存在区别，但从整体上看都是为了给高校师生提供更优质、更便捷的文献资源保障服务，因此都应是平等的，因此，馆领导要充分尊重和肯定馆员付出的辛勤劳动，馆员也要做好自己的分内工作。总之两者要协同配合，不仅仅将高校图书馆视为工作岗位，更要以主人的身份，把图书馆建设好，为高校图书馆每一阶段的发展尽心尽力。

（三）为馆员自身发展创建平台

人本思想中把个体的发展视为组织管理的最终目标，高校图书馆的发展是长期的、历史的，而个人与图书馆的发展历程相比会显得过于渺小。对于个人发展而言，高校图书馆只是平台和媒介之一，但资源丰富，有深厚的文化底蕴，因此对师生成长意义非凡，师生的发展在这个阶段会完成知识的原始积累，从而厚积薄发。另外，馆员的发展本身就是促进高校图书馆的发展，两者有机统一、互相支撑，因此，高校领导要适时为馆员提供更能发挥自身才能的岗位，使馆员获得更大的发展空间。

（四）为读者提供人性化服务

读者需求与图书馆资源更新虽然存在矛盾，但并非不可调和。高校一方面要尽可能地充实高校图书馆资源和数据信息，使图书馆资源更具时间和空间的延展性，为读者提供尽量海量的资源，另一方面要改善以往馆员对读者不闻不问、问了也不知道的普遍现象，馆员要作为图书馆的基础索引，在读者需要时要及时出现，为读者解决更多更实际的问题。

（五）全面完善外部服务环境

首先，高校要对目前图书馆亟待修缮的基础硬件争取资金投入，可通过财政拨款、专项基金等形式及时加以改善和更新。其次，高校要加大空间改造力度，不同学校经费投入情况不同，不可同一标准，但“空间即服务”迫在眉睫，落后的图书馆空间是难以适应读

者需求的，必须要引起重视。再次，高校要保证文献资源引进的科学性，要充分调研、跟踪前沿，保证师生教学、科研的需要。最后，高校要强化馆员服务意识、综合人文素养等系统培训，严格馆员选拔制度，对不能适应图书管理工作的馆员及时调整。总之，高校要通过图书馆外部硬件、内部软件等建设，为高校师生提供优质环境，从而提高高校图书馆的利用效率，使图书馆成为学校信息资源中心、知识学习中心、文化传播中心。

人本管理思想是现代组织管理中不可或缺的先进理念，它既是一种管理理念，又是一种方法论。高校图书馆在人本管理上缺失缺位，会严重制约其长远发展。特别是在应对大数据的新形势下，管理者、馆员都应学习人本管理思想，从自身做起，敬畏自己的职业和岗位，将读者需求放到首位，真正发挥图书馆服务育人功能。

六、现代图书馆人文精神建立的意义

科学精神和人文精神都是人类精神必不可少的组成部分。对图书馆来说，科学精神就是崇尚科学，尊重科学，积极研究并利用各种先进的技术设备与手段来提高图书馆的工作效率。而人文精神则是在图书馆工作实践和理论研究中体现以人为本的思想，以满足人的需求，实现人的价值，追求人的发展，体现人文关怀，创造美与和谐作为图书馆活动的宗旨。科学精神与人文精神不可分离。没有科学精神的图书馆，是一种没有生机的、落后的图书馆精神；而缺乏人文精神的图书馆精神，则是少了人情味的冰冷的图书馆精神。以弘扬人文精神为宗旨归的人文图书馆学，将引导人们走出技术传统的误区，走勤学精神与人文精神的融合。两种精神融合在一起，图书馆才能健康地向前发展。实际上，科学精神和人文精神是不可分割的。因为科学技术归根到底是为人类服务的。先进的信息技术改变了信息加工存储、传送的方式，最终日的是为了使人类更加广泛、方便、快捷地获取信息，以满足人们的信息需求。计算机流通系统的运用，可以使图书馆藏书开放的范围更广；计算机信息检索系统的运用，可以使读者获取信息更加便捷。可以说，在当今图书馆，离开了科学精神的人文精神不是真正意义上的人文精神，而离开了人文精神的科学精神并不能促进图书馆的发展，反而有悖于图书馆的真正目的。

（一）拓展社会化教育，关注弱势群体

中国正处于改革和转型的关键时期，图书馆人文关怀应体现在对弱势群体、边缘群体苦难的关注上。如下乡举办培训班，让更多的农民识字，然后将一些剔除的有关农业生产技术方面的书籍送给农民；在下岗职工多的社区举办职业培训；为残疾人、老年人提供更多的流动图书馆和激励心志、陶冶情操的图书；为监狱内的囚犯提供启迪思维、改过自新、热爱生命的书籍．拯救一个个失落的灵魂；为儿童、外国人提供相应的书籍，开设特殊服务，特别是应送书到贫困山区的小学或许多农民家庭失学的孩子手里；对于外地来的打上仔、打工妹们，图书馆也应起到引导的作用，体现图书馆员的人文关怀。

（二）营造人性化环境，重塑良好社会形象

环境能够熏陶人，环境能够重塑人。人文主义应渗透到图书馆的环境建设上。比如建筑应该体现一种开放、包容的内涵，色彩冷暖搭配适当，馆舍宽敞明亮；有条件的馆还可增设雕塑，以美来感化人，适当的时候可放一段优美的轻音乐，让疲惫的读者得以片刻的轻松，室内可放置盆景、鱼缸，创造灵动的美丽。

（三）改进服务方式，丰富服务内容

图书馆可持续发展的动力就是创新，要更好地体现人文主义，图书馆必须锐意进取，与时俱进，改进服务方式，丰富服务内容。比如面对终身教育成为教育发展的主流，图书馆可与成人学校联系，为读者提供再学习的信息，甚至图书馆本身就可开设成人教育班；面对大学生就业难的问题，图书馆可主动与企业联系，将它们的地址、电话、联系人、公司简介等存入专门的数据库供大学生查阅；面对老龄化趋势，图书馆可为老人送书上门，提供医疗、保健方面的知识。总之，把提了社会的脉搏也就把握了图书馆的脉搏。图书馆除了传统的预约服务、跟踪服务、定题服务、代查代译复制服务外，还可举办学术报告会、作家演讲会、读书座谈会、图书展览会、音乐欣赏会等，举办职业培训，在社会道德、人际关系、人文素质、文明精神、人格修养方面给予读者人文的关怀，真正做到“关注全体读者，全面关注读者，全过程关注读者”，让图书馆成为人类的精神家园。

（四）强化人文理念，提高专业素质和人文修养

人文主义在图书馆的落实最终还得通过馆员来实现，所以一个图书馆的馆长首先要对人文主义有深刻的理解．并以个人的魅力和不断的培训来强化馆员的人文理念。广大馆员则应提高自我的专业素质，主动学习哲学，体察世间的苦难，关心人类命运；要具有平等意识和服务意识，要探谙图书馆教育对民族、国家强盛的重要意义，增强使命感和神圣感。这需要一个制衡机制，所以国家应加快图书馆的立法工作，让“真才实学”和“真心实意”的图书馆员持证上岗。

（五）广泛开展国际交流与合作

借鉴国外图书馆人文建设的优秀成果。国外图书馆在人文主义建设方面取得了丰硕的成果，我们应虚心学习其先进的理念，博采众长，借鉴好的服务方式，广泛开展交流与合作，增加互访，不断改进和创新，真正让图书馆与时代、与人类共同发展。

尽管图书馆在发掘人文因素中各尽其能，但与图书馆本身具有的丰富深远的人文内涵相比还远不能及。在图书馆管理与服务活动中，人文精神无处不在。人文精神在图书馆工作中不断发掘和显现，也是图书馆自身魅力的发掘和显现。图书馆的发展必须建立在人文精神上，让享用知识的人们在信息爆炸时代，于温馨宁静的处所感受信息喷涌的快乐，只有饱含人文精神的图书馆才是值得称道的，才是有生命力的。

七、人本管理在图书馆管理中的应用

第一，要注重图书馆馆员综合素质的提升和培养。图书馆管理者应该给予每一个馆员平等的接受再教育的机会，这种平等涵盖了生活和工作中的方方面面，只有享受了更多的培训机会和具有足够的发展空间，馆员们的综合素质才能得到有效的提升。图书馆管理者还可以创造各种途径来提升馆员的专业素质和技能，馆员的专业学科知识不断丰富的过程就是其逐步发展成为综合性人才的过程，在此基础上图书馆才能更好地为读者服务。图书馆的管理者应该将建立专业的人才队伍作为管理的重要目标之一，将人本管理的理念在图书馆中发扬光大，实现图书馆的可持续发展。

第二，要构筑完善的激励机制。激励机制在图书馆管理中体现为对馆员进行奖励和激发的制度，有效的激励制度能够充分地调动图书馆管理员的工作热情和态度。图书馆管理中最重要的几个因素就是人、图书、馆舍，这人是三大要素中最为重要的因素。认识图书馆建设中最重要的依靠力量，在这种情况下有效的激励制度是非常必要的，图书馆要实现更好的建设就必须要将人的因素最大限度地激发出来，这样它才能实现持久的、稳定的发展。仅仅依靠激励机制来实现图书馆价值的创造和人员的良好管理是远远不够的，图书馆还需要从管理制度着手创造良好的工作环境，因为工作环境和工作条件对馆员的心理活动有直接的影响。所以，建设良好的工作环境是很有必要的，员工可以更大程度地参与到图书馆管理工作中来，从而实现人本管理的基本目标。

第三，要建立完善的图书馆管理制度。现阶段的图书馆管理制度中存在着诸多不合理因素，比如说岗位流动性差、工作人员之间关系不和谐、不良竞争频繁出现、职员的晋升以资历和排辈为主要依据而不是以能力为主要依据等等。这些现象的存在使得图书馆馆员的工作积极性受到严重削弱，也导致了人力资源在不同程度上存在着浪费的现象。图书馆管理中完善用人制度，建立合理的竞争机制和决策制度已经迫在眉睫。完善的图书馆管理制度也是人本管理的直接体现，在建立管理制度的时候应该关注以下问题：首先，图书馆的领导者应该注重馆员服务工作中作用的发挥，及时关心员工的思想和心理，对其工作和生活中的消极情绪要及时梳理，提供他们生活上的物质保障，使其无后顾之忧地投入到图书馆工作中来；其次，图书馆管理者应该注意到馆员之间个体的差异，把握馆员在性格和个性上表现出的特点，抓住其优点予以充分挖掘，将之在图书馆工作中充分运用和发挥出来，帮助馆员实现职业理想和人生价值，让馆员在幸福和快乐的环境下工作；再次，图书馆管理者应该制定公正的考核制度，在综合考核员工工作的完成情况和思想道德状况的基础上来制定相应的奖惩制度，让员工在物质和精神上都得到满足；最后，图书馆管理者应该建立一个良性的竞争制度，良好的竞争制度可以避免一些人另辟蹊径走歪门邪路，可以将徇私舞弊、贪污受贿行为的可能性降至最低，保证制度的公平性、公正性和合理性；另外，图书馆要实现管理制度的科学化，实施全员监督机制，让员工之间相互敦促，使得员工具备一定的管理职责，在图书馆中发挥重要的作用，图书馆在制定相应的决策时也要征询员工的意见和建议，使得决策得到广大职工的认可。图书馆的领导者还要促进自身作风的优化，切忌居高临下，要从领导者的位置上走下来，和员工建立和谐的工作关系和伙伴关系，充分了解员工的需求，满足员工的利益，切实为员工思考。

总而言之，在图书馆管理中应用人本管理理念是提升管理效率、实现稳定的重要前提，为了持续的发展，图书馆必须将人本管理理念贯穿其管理全过程。

第五节 网络图书馆的网络信息资源管理

网络环境下，图书馆信息资源建设应符合其丰富性和复杂性以及多样性的特点。随着人们获取信息方式的不断改变，图书馆应及时的调整自身的服务方式，为读者提供高效和便捷的信息服务，并能够根据读者具体的需求提供个性化的时效性的资源，这是网络环境下图书馆信息资源建设的主要目的和方向。

一、网络环境下图书馆信息资源建设的现状

网络环境下，传统图书馆的建设和管理方式已经不能适应时代的发展，但是网络图书馆信息资源的建设仍以纸质文献资料为主，在1980年以后，计算机就已经进入到图书馆的馆藏中，1990年以后，科技和网络信息不断地发展，使得网络信息资源和电子图书的数量逐渐地增多，这是图书馆信息资源建设的重大突破，数据库以及电子资源不断地增加，丰富了图书馆的信息资源，有效地实现了电子资源与纸质资源并存的状态，由于我国纸质资源流传依旧，纸质阅读方式更加符合人们的习惯，因此，当前图书馆信息资源建设仍然以纸质文献资料为主。另外，当前图书馆信息资源建设的水平相对较低。由于我国信息化发展的起步相对较晚，图书馆中网络技术还仅局限在区域网中，只有少数图书馆进入数字化图书馆的阶段，整体上图书馆网络信息化资源建设的步伐相对较为缓慢，与西方发达国家相比还存在一定的差距。最后，图书馆中文献资料的共享程度相对较低，网络环境中，具有庞大的信息资源，而图书馆馆藏数量具有一定的局限性，信息资源在实际建设中会受到一些因素的阻碍，包括人力和物力以及财力方面，而图书馆资源的共享还是未来发展的主要方向。就当前的实际情况来看，信息资源的储藏和购买以及提供等都是以图书馆位置，但是图书馆之间却缺乏一定的沟通和交流，最为主要的原因是图书馆管理工作人员对信息资源的共享缺乏一定的认识，采用传统封闭式的管理很难实现当前信息化发展的需求，可以说图书馆中实现信息资源的共享没有规范化的领导机构，内部并没有产生较大的影响力，致使信息资源的共享面临较大的阻碍。

（一）管理水平有所提高

随着网络信息化技术的发展，图书馆对文献信息资源的管理也发生了一定改变。特

别是随着各项设施的完善，为文献信息资源管理工作提供了有利的条件。利用网络，学习者可以接触到丰富而全面的电子资源；检索方式的改变提高了文献信息资源的搜索效率；管理流通方式的转变提高了资源管理者的工作效率，馆藏内涵得到极大丰富，实现了资源共享。但图书馆文献信息资源管理机制和管理模式还较守旧，限制了文献信息资源管理水平的发展，影响了现代化图书馆的发展需求，不利于信息资源、社会资源的优化配置。

（二）管理设备不够完善

在网络信息化技术发展的初期，图书馆的文献信息资源管理有一定的改善，但由于硬件设备的不足也给文献信息资源管理带来了不良影响。在网络信息化环境下，图书馆众多文献信息资源要实现有序管理需要先进的硬件设施。由于图书馆文献信息资源的不断增加，管理设备不完善，学习者在检索过程中难免会出现网速慢、卡顿等现象而影响了工作效率。

（三）管理工作人员专业素质不够

文献信息资源管理人员作为为社会积累、保存、传递各种智力资源的管理人，需具备较高的专业素质。尤其在网络信息化环境下，计算机管理系统被应用于图书馆的管理，对管理者对数字化管理知识的掌握和技能提出了新的要求。因此，文献信息资源管理工作人员要适应网络信息环境，提高网络应用能力和水平。但由于各种原因，图书馆管理人员知识结构不尽合理，高素质、综合型人才不足，造成创新力的不足，严重影响了图书馆文献信息资源管理水平的提高。

（四）管理模式较传统

传统图书馆管理模式多采用封闭式，学习者只能在有限的空间和时间内查找所需资料，而随着网络信息技术的快速发展，传统的管理模式已不能充分发挥文献信息资源的价值，无法满足学习者的需求，不利于实现资源共享。传统的文献资源管理从资料的采集、整编到储存完全由人工操作完成，影响了文献信息资源管理的工作效率及工作质量。

二、网络信息化环境下加强文献信息资源管理的必要性

（一）能够丰富馆藏信息资源，实现资源数字化管理

传统图书馆的文献资源主要通过工作人员收集、整编、储存而获得，随着网络技术的发展，馆藏文献信息资源结构发生了变化，除了以实物形式存在的纸质资源，还包括通过网络获取的网络信息资源。丰富而存取便捷的网络资源，将会成为图书馆提供信息服务的重要基础。馆藏信息资源结构的变化，促使文献资料管理工作进入数字化管理模式。

（二）可改变文献借阅的方式，实现网络信息化服务

在传统的图书馆，文献资料的采购、编目、检索等都需要付出大量的人力资源，而学习者想要借阅图书馆的文献资料，也只能通过索引卡片检索，具有一定的不便性。在网络信息化环境下，文献信息资源从采购到流通均得到了很大的改善。通过利用网络资源，可改变传统图书馆“面对面”的借阅方式，而文献传递的内涵也从单一的借还、复印，逐步发展为通过网络平台实现文献的搜索及获取，不仅可以借阅纸质图书，还可以在图书馆的搜索引擎中输入相关的信息，获得所需资源，并且可以进行下载打印，避免了传统文献借阅的弊端。这是网络信息化环境下图书馆文献信息资源管理的巨大优势，已在许多高校中得到了普及。

（三）可提升文献的查找效率，实现网络信息化管理

文献资料的查找效率直接影响着图书馆的服务质量及社会功能。在网络信息化环境下，学习者通过标题、关键词、作者姓名等关键词就可在数据库中检索所需文献资料，这不仅缩短了查阅资料的时间，还可同时享受多个单位的服务，为学习者查找文献信息资源提供了极大便利。

（四）能够满足信息服务的需求，真正实现资源共享

传统意义上的图书馆在文献信息资源储存方面具有很大的局限性，学习者在特定的图书馆中检索不到所需资料，就需要到其他图书馆进行检索才能够得到自己想要的资料。由于某一图书馆资源的不足，不仅不利于学习者查找资料，而且浪费了学习者大量的时间和精力。但是在网络信息化环境下，这个问题能够得到很好的解决，文献信息资源不仅仅有实物的存在，还有了大量以数据形式存在的网络资源，极大地丰富了图书馆文献信息资源的内涵。学习者可在一个图书馆通过网络信息服务获取其他图书馆的文献资源，真正实现资源共享。这是网络信息化环境下文献信息资源管理的巨大优势，也是资源共享的基础。

三、网络信息资源开发与利用原则

（一）个性化

图书馆需要综合考虑本馆职能定位、用户需求等因素，积极为用户打造针对性强的信息产品。具体而言就是图书馆馆员必须依靠用户需求牵引信息资源开发工作，通过这种方式开发出来的信息资源才能有的放矢，具有较大的利用价值。

（二）连续性

图书馆开发与利用网络信息资源必须对网上信息进行持续地不间断地跟踪，将动态的信息资源及时整理、归纳，不断增添新的内容，这样才能保证所开发的信息资源具有时

效性，并形成全面、系统的文献产品。

（三）选择性

图书馆在网络信息资源开发中必须坚持选择，在信息资源来源上，要选择那些权威、专业、信誉好的网站进行资源跟踪与整理；在信息资源开发手段上，要善于利用包括信息发现技术在内的一切查询方法；在信息资源的整理上，要对信息进行提炼，确实把权威、科学、准确的信息提供给用户。

四、公共图书馆文献资源建设对读者需求的认知

（一）采购是图书馆文献资源建设中两个极其重要的环节，它们对文献馆藏的质量起到决定性的作用。对图书馆馆藏文献的构成以及图书馆的服务读者类型、服务对象、服务范围、服务方式等都提出了很多新的要求。因此，我馆定期召开读者座谈会，通过座谈会我们更加深入地了解读者哪一类的文献最感兴趣，希望本馆能提供哪些资源等。根据对读者的调查，文献需求是多样化的，有些是想多点研究类型的，还有些希望是消遣娱乐型等等，其中学习型、专业型的需求占大量的比例。

（二）为了入藏文献符合本馆资源建设的原则与发展规划，避免盲目文献入藏，作为采购人员应该了解本馆的藏书特色、读者真正的阅读需要、馆藏的文献资源利用率，对读者做出信息资源调查反馈，从读者的角度分析适合本馆藏的标准要求及文献信息选择的标准依据，从而更加体现了图书馆在高校中的重要作用。

（三）随着改革的深入和市场经济体制的建立，尤其是能够让读者有一个良好的阅读环境和阅读习惯，社会公共图书馆应制定帮助读者良好阅读的计划。图书馆开展藏书建设的前提，需要我们更加准确的了解本院系教学、科研等方面的情况，不同读者层次文献的需求，读者的心理以及其他发展变化的规律。文献资源建设是图书馆的一项重要工作，作为图书馆的一员需要自我提升服务水平，随时能与读者进行良好的业务互动，收集读者对文献资源建设的建议和他们对信息的要求，掌握好本馆资源存在的欠缺现象。这样才能做好图书馆的文献资源建设工作，从而提高了图书馆的服务质量。

（四）对读者来说，能够及时阅读到所需要的文献是最大的心愿。及时获得文献需靠有效的信息传递。目前社会公共图书馆还没有完全实现随时可用电子邮件或其他途径进行文献信息的传递，所以我们会尽最大的努力跟这种“现代化”接轨，尽量满足读者的及时性需求。定期开展读者座谈会，认真调查购回的图书适不适合读者阅读，在广泛开展调查研究的基础上决定文献的采购计划。

五、实现图书馆网络信息资源共享方式的关键技术

在信息时代到来的今天，想要实现图书馆信息资源的共享，就必须合理运用相关的网络信息技术。

（一）DAS技术

DAS即直接连接存储，这是一种以服务器作为核心的网络信息资源存储结构，相关的存储设备可以借助I/O总线中的IDE或是SCSI与服务器端进行直接连接，客户端的数据访问会通过服务器，然后再经由I/O总线，对相应的存储设备进行访问，在整个过程中，服务器主要起存储转发的作用。如果采用该技术来实现图书馆网络信息资源的共享，需要解决I/O总线的瓶颈问题，否则可能会影响到服务器的功能，这是值得注意的一点。

（二）NAS技术

NAS又被称之为网络连接存储技术，它的存储设备能够通过标准的网络拓扑结构与若干台计算机设备进行连接。利用NAS技术可以有效解决迅速增加存储容量的需求，由于其架构是以数据作为核心进行设计实现的，从而使得NAS具备了支持异构网络平台共享访问和降低信息资源共享成本的优势，因此，可将之应用于图书馆网络信息资源共享当中。在具体应用的过程中，需要对NAS技术的可扩展性和数据恢复能力予以注意，这样可以使它的作用和优势得以充分发挥。

（三）FC-SAN技术

FC-SAN即存储区域网络，其中的FC是光纤通道的缩写，它能够借助FC与若干台计算机进行连接，在该网络拓扑结构当中，提供了多台主机连接，同时，该技术还提供了一种与现有LAN相连接的简易方法，通过同一个物理通道可以支持当前网络通信中使用最为广泛的IP和SCSI协议，由于FC-SAN技术不会受到基于SCSI存储结构的布局限制，从而使其成为当前网络信息资源共享中的主流技术之一。当存储容量以爆炸性的方式增长时，SAN允许增加存储容量，并且由于该技术的网络拓扑结构为非标准，从而使其允许任何服务器连接到任何存储阵列，换言之，无论数据信息存储在什么位置，服务器均能对其进行直接存取。此外，该技术还采用了光纤接口，服务器通过FC HBA（光线信道卡）可与FC Switch（光纤交换机）进行连接，再与后端的储存设备进行连接，能够大幅度提升网络带宽，将之用于图书馆信息资源共享，无须担心资源同时使用占用过多宽带导致网络瘫痪的问题发生。

（四）IP SAN-NAS技术

当服务器通过以太网与后端的存储设备进行连接后，此时的存储设备便成为一台具备信息资源处理功能的存储服务器，客户端可直接从该服务器当中对需要的信息资源进行存取，借助信息资源处理功能，使用者可在自己的计算机上看到存储服务器上提供的可供分享的信息资源，并能直接从中调取自己所需的信息，同时还能将本机中的信息存储到该服务器当中。

（五）iSCSI技术

该技术是在融合 NAS 和 SAN 两项技术全部优点的基础上发展出来的，它支持 TCP/IP 通信协议，可在以太网当中进行 SCSI 指令传输，是一个以 IP 为主的 SAN，最为突出的应用优势在于无须架设昂贵的光纤信道，由此大幅度降低了前期投资成本，对于资金比较紧缺的图书馆非常适用。不仅如此，iSCSI 技术有效解决了 FC 技术和 SCSI 技术的传输距离问题，能够使多台服务器同时享有后端存储设备上的资源，允许更多的设备进行连接。iSCSI 技术能够实现在 IP 网络上运行相关的 SCSI 通信协议，这样一来，iSCSI 便可在高速、前兆的以太网当中对路由器进行选择，确保了网络信息资源的有效共享。

综上所述，图书馆内的馆藏资源极为丰富，但由于受到各方面因素的制约，从而使得这些资源不能共享，信息本身的价值也没有得到充分发挥。在网络信息时代到来的今天，应当借助先进的网络信息技术，加快图书馆信息资源的网络共享，借此来促进图书馆的发展。

六、网络环境下图书馆信息资源建设措施

（一）对网络信息资源进行整合

在网络环境下，为了能够为读者提供更好的服务，需要对图书馆的馆藏结构进行合理的优化和设置，馆藏是图书馆对信息资源进行合理建设的前提和基础，而网络环境下建立的虚拟图书馆则是对图书馆资源的扩展和补充，这两个部分一同构成了图书馆资源的保障体制。虚拟图书馆藏资源进行建设的过程中应与实际的馆藏进行协调和配合，图使馆是实际的馆藏，是各个领域信息资源建设的基础，在实际建设中具有建设成本高和建设周期长的特点，并不能满足读者的整体需要，当前读者更多地需要是具有动态性和多元化的信息需要，因此，图书馆应不断地创新信息资源建设的方式。为了能够实现信息资源的共享，为读者提供信息资源交流的平台，应利用信息和网络技术对海量的信息资源进行筛选和整合，并将这些信息进行再次加工和处理，从而形成信息庞大的信息系统，符合特定范围内读者的实际需求，同时虚拟馆藏的特点被凸显出来，实现了对实体馆藏信息资源的拓展，提升了图书馆信息资源建设的实际水平。

（二）采用现代技术水平，建立起个性化的信息资源

由于网络系统环节内容繁杂，不确定性因素较多，所以在图书馆信息资源建设中，信息资源的类别和来源方式具有不确定性，读者对图书馆的信息资源也有着各种各样的需求。传统意义的图书馆服务中，图书馆的作用主要集中在图书、期刊等资料的借阅和检索，但在互联网时代，借阅者对图书馆提供信息的内容和服务形式有了更高更个性化的需要。在信息时代读者希望可以通过互联网、物联网在大数据和人工智能的基础上

发掘和整理分析并检索出自己需要的文献等信息资料，突出了便捷、准确、实时、丰富等特质，而这种信息文献数据的展现形式具有系统性和综合性。从系统性角度来讲必须从不同的角度及层次去分析读者的借阅规律，从而判断读者的偏好，最终科学的规划信息资料文献等内容的设置。从综合性来讲，需要把纵横交错的信息资料科学的整合，将不同信息的不同部分合并成一个整体，以便于管理和后期操作。基于网络环境下，图书馆集合了不同学科的信息和技术，能够为读者提供个性化的信息服务，读者在基于网络环境下改变了读者被动接收信息的状态，图书馆也不再是只为用户推送信息，而是能够让读者有更多的自主选择的权利，并为用户提供具有个性化的和多样化的信息服务，因此，图书馆应重视网络的应用，在对信息资源建设的过程中充分运用互联网的优势，提高图书馆服务的方式，实现服务水平的提高，利用现代化的科学技术，将信息资源进行科学合理的优化和设置，同时，将图书馆信息检索的程序进行创新和完善，提高多媒体技术应用范围，对工作人员的实际操作能力给予一定的规范。根据读者对相关信息的检索，将读者的喜好和倾向进行分析，并提出具有针对性的服务，这样可以有效地满足不同读者的需求。

（三）提高信息资源的实效性

当前我国各个领域的发展已经实现了信息化的管理，图书馆信息资源的管理也逐渐地实现了信息化的建设和管理，使其在网络环境下信息交互的方式和信息获取的渠道发生了重大的改变，改变了传统的时间和空间的限制，促使信息资源获取的实效性提高，同时，网络时代信息获取方式和速度不断地提高，导致人们对图书馆信息资源获取的要求也在不断地提高。但是网络环境下信息资源的质量具有不确定性，信息所涉及的内容更加的复杂，格式也大不相同，读者要在海量的信息资源中寻找出自己所需要的资源，因此，读者就希望图书馆能够为其提供动态化和具有高效性的信息资源。网络环境中，虚拟馆藏的信息数据相当的丰富，并具有动态和时效的特点，信息资源传播的速度也非常快，由此，图书馆应根据搜索引擎和馆藏自身的特点将信息资源进行分类和开发，并建立起专业化的数据库，这样才能为读者提供准确和具有时效性的信息资源，另外，网络信息资源也应及时地进行更新，便于用户掌握最新的信息动态。

网络环境下，图书馆信息资源建设应利用现代化的技术方式和手段，并根据读者的具体需求提供个性化的服务，及时地对图书馆的馆藏结构进行调整和优化，对网络信息资源进行有效的整合，以有效地实现对当前信息资源的有效利用，这样才能提高图书馆信息资源建设的准确性和实用性，并在以后的建设中对网络信息资源进行及时的优化，为读者提供更加高效和便捷的信息服务，使图书馆信息资源建设的整体水平得到更大的提高。

七、网络信息化环境下加强文献信息资源管理的途径

（一）购置先进设备，加快网络建设

先进的管理设备是管理工作高质量开展的物质基础与保障。借助现代化设备及先进的管理技术，将传统的纸质文献资源转变为数据形式，采用数据库管理模式对资源进行更精准、科学的分类，使学习者能够快速检索到所需资料。同时，还能够将因保管不善而使资料受到损害的程度降至最低。数据库管理模式不仅节省了馆藏空间，延长了文献资料的保存时间，还最大限度地提高了管理成效，降低了管理成本。

（二）提升管理工作人员的信息服务意识，拓宽管理工作的服务领域

在信息高速发展的时代，提高管理者管理质量，首先要提高他们的服务意识。加强服务意识就要求管理者必须更新观念，改变以藏为主，以馆藏大小、藏书量多少来衡量图书馆服务功能的观念，把提供信息能力、满足学习者需求作为衡量文献信息资源管理人员服务能力的标尺。其次，要拓宽管理者管理工作的服务领域。作为信息服务业的一项重要内容，文献信息资源管理工作要改进工作方式，管理者应在了解学习者需求的基础上，采用不同的服务形式提供不同的服务内容，在提供传统服务形式的基础上充分利用网络技术手段，将网络预约、借阅服务等变为现实，以满足学习者对文献信息资源的多样化、个性化需求，实现具有专题性、特色性的个性化信息服务。

（三）提升管理工作人员的专业素质

图书馆工作人员的素质直接影响着文献信息资源管理的质量，尤其在网络信息化环境下，对工作人员的素质有了更高的要求。应定期对工作人员进行专业知识培训，为高质量地完成工作创造有利条件；同时应对他们进行最新的管理技术培训，使其能较好地掌握与应用新技术，提高操作与应用能力，以切实提高管理工作的效率与质量；对他们进行职业道德培训，强化其服务意识与服务能力，为学习者提供更为精准、高效、智能的文献信息资源，使他们能充分地享有智能与便利的资源服务。

（四）协同纸质与电子资源的发展，优化文献信息资源的管理模式

纸质资源是文化传承的重要工具。纸质资源具有的社会实用性、娱乐观赏性和收藏性等特点，虽然在网络信息时代中受到一些冲击，但还是以其独特的魅力颇受学习者的宠爱。

电子资源因其具有方便阅读、可检索性节省了学习者的时间和精力；又因其具有高速性、传播性和动态性等特点，可以使学习者在最短时间获得知识的更新和拓展。电子资源的发展不仅丰富了阅读市场，也补充了图书馆文献信息资源获得的来源。

无论是纸质资源还是电子资源，在社会发展中各有其存在的价值和意义，可以满足学习者的不同需要。图书馆在对这两种不同介质文献信息资源的管理过程中，要深入分

析两种资源的特质，从学习者阅读的角度协调纸质和电子文献信息资源，充分应用先进的网络技术将其进行合理分类和有机结合，实现优势互补。同时要将人力资源与网络技术相结合，使图书馆文献信息资源管理得到有效优化，逐步实现对文献信息资源管理的自动化、规范化管理模式。

在网络信息化环境下加强对文献信息资源的科学管理，将会更大程度地实现图书馆的社会功能和社会效益。

第六节　图书馆的网络化建设

资源共享是20世纪图书馆情报研究的重要课题和奋斗目标，计算机网络技术的发展，超越了时间与空间的障碍，使全球信息共享成为可能，特别是因特网的普及，为我们提供了一种网络信息环境，对信息机构工作方式和资源建设产生了巨大而深远的影响。

随着信息技术和互联网时代的到来，信息成为一种重要的资源，在社会的每个行业都发挥着巨大的影响与作用。高校图书馆是传播知识与信息的重要载体，对信息时代下图书馆的发展，既有机遇又有挑战。利用互联网建设数字化的图书馆已经不是遥远的目标，在一些地区已经成为现实，计算机和互联网等多媒体的出现给图书馆提供了新的机会，图书馆将会从封闭的格局走向开放，让读者通过网络化体验到获取图书信息的便捷与顺畅。建设网络化的图书馆还可以实现文献资源的共享、提高文献资料使用的效率，让读者享受到信息化所带来的巨大好处。

高校图书馆必须在信息时代的大环境下建设电子化的图书馆和数字化的图书馆，这既是时代的要求，也是高校图书馆发展的必然选择。与西方发达国家的图书馆建设相比，我国高校图书馆在网络化建设方面还存在很多不足。

第一，缺乏信息化的思想意识。虽然当前已经完全进入了信息化的时代，但是我国高校一些工作者仍然存在陈旧的观念，没有信息时代的紧迫感，未能够意识到信息的重要性，所以仍然采用计划经济时期旧的图书馆发展模式，将图书馆的功能仅仅定位在提供借阅服务上，而未利用更广泛的渠道搜集信息，为读者提供更为优质的服务，因此图书馆缺乏竞争力、创新精神和风险意识。

第二，高校图书馆工作人员素质参差不齐，缺乏专业人才。目前我国高校图书馆普遍存在缺乏高素质专业人才的问题，而图书馆情报部门工作人员的素质普遍低下，更是缺乏关于网络化方面的人才。据调查，当前高校图书馆中具有中高级职称的工作人员所占比重非常小，而主要是初级职称和非专业的人员为主，如果要实现图书馆网络化的建设，急需解决计算机互联网与信息情报专业方面人才的问题。

第三，高校领导缺乏重视和资金投入，图书馆信息化服务的手段比较落后。由于高校领导对图书馆信息化建设缺乏足够的重视，因此在资金投入方面非常有限，在引进现代化设备方面受到严重的限制。当前高校图书馆已经初步实现了计算机房，但在信息加工方面仍然普遍采用手工操作，工作效率低下，难以满足读者迅速查找信息的要求。同时，高校图书馆对信息化建设缺乏统筹规划，因此对现有的图书管理人员无法进行有目的有计划的培训与管理，使得一些已经购置的设备长期闲置。

一、图书馆网络建设中存在的问题

（一）共享意识薄弱，缺乏全局观

首先，表现在对信息资源的重要性认识不足，致使资源共建与共享缺乏强大的动力。传统观念根深蒂固，阻碍了资源共建共享的进程。表现在文献收藏中片面强调馆藏文献数量，求大求全，造成了文献收藏的低水平大量重复；在利用文献方面，重藏轻用，不予人、不求人的思想仍相当严重，一些信息机构虽受重重困扰，也不愿意通过资源共享来解决问题。

（二）投入少，经费拮据

实现资源共享要避免浪费，节约经费，但在一定时期内必须更多地投入资金。目前，我国资源共享建设的资金投入不足问题十分严重。首先是文献的购置费用明显不足。其次，资源共享本身的经费投入难以满足各项工作的开展，无论是局部网还是技术网都迫切需要稳定的资金来源。如建立书目数据库、联合编目、联机网络以及协调机构等需要大量的专项经费。但现行的图书经费拨款往往有限，无力承受。县、区一级的图书馆尤为突出。另一方面，我国图书馆事业的现状与现代图书馆的水平相差甚远，我们现在还是一个发展中国家，在相当长一段时间里，国家不可能拨出大量的经费满足所有图书馆自动化的需要。对此，我们要面对现实，但也应看到，近几年来图书馆事业得到了很大发展，今后有着广阔的前景。图书馆的自动化是时代的需要，也是我们为之长期奋斗的目标。

（三）人才、技术及业务工作不规范

图书馆网络化，实现文献信息资源共享共建，必须有一支较高素质的工作人员。因此，图书馆人员的结构应是多层次、多学科、年龄和学历、知识等差异的结合。图书馆工作人员要具有一定的科学文化知识，成为信息社会专业知识的掌握者。在图书馆网络化冲击下，每个图书馆工作人员都面临着承担为适应新的信息时代所要求的新任务。在科学技术发达的今天，图书馆自动化建设，人才是关键。培养这方面的人才应与计算机自动化建设同步。目前，县级图书馆计算机专业人才很少，更不用说既懂计算机专业又懂图书馆专业的人才。针对这种状况，只有不断对科学技术人员进行继续教育，才能提高知识水平。不仅文化水平低的人需要培训，而且受过高等教育的人也需继续深造，要把一次性的学校教育变为终生教育。所以拥有知识的工作者才能承担创造、处理和分配信息的新任务。但目前我国图书馆工作人员大专以上的学历达到60%。我国图书馆工作

人员的素质状况也是网络环境下积极开展文献资源建设与共享的主要障碍之一。目前，许多图书馆都从自身的工作需要出发考虑自动化建设，软件五花八门，数据库建设分散，重复、缺乏且不遵守标准、规范。图书馆业务及管理工作维持其传统的方法，或以本馆工作人员自定的办法自行工作，目录体系不健全，文献分类、著录缺乏标准规范管理，从而在客观上影响了文献资源共享工作。这就要求图书馆员在专业方面力求于精，而能随着时代的迁移不断更新成为一个能在信息时代产生分配信息，使经选择而提供的信息资料能在高频率的时代进程中获得高效，能尽快实现面向世界、面向未来、面向现代化的总要求。

（四）管理体制存在严重缺陷

传统的组织管理体制和运行机制仍然制约着资源共建共享。传统的图书馆基本是用手工操作，而传统的手工操作，管理主要是靠经验。毫无疑问，用传统的方法管理现代化的图书馆将会造成混乱，必须运用现代管理科学。为了适应新技术的发展，图书馆工作必须要逐步以使用电子计算机等现代化技术手段为中心从部门突破。它一面起着示范的作用，另一面进行宣传教育，实现知识更新和扫盲。为了避免信息灭顶的厄运和缩短信息流程，知识恢复与增加价值，那就不得不使用新技术改造旧手工操作，所以就必须对图书馆实行科学管理。它包括管理观念、管理原理、管理方法等方面。涉及决策、计划、机构、人员、财务、设备等各个方面。体制上多头领导、条块分割、各自为政的多元管理体制，难以发挥功能。反映在资源共享上，就是合作不易、协调艰难。造成我国图书界长期存在一种“怪圈”：一方面高喊资金短缺，另一方面还大量重复建设，造成国家财产、人才、物力的极大浪费；一方面抱怨文献信息匮乏，另一方面文献采集大量重复与遗漏长期共存。

二、网络化图书馆信息资源的构成

（一）信息资源的概念可从广义和狭义来区分

网络化的图书馆即在网络信息化环境下的数字图书馆，基础是建立在图书馆方方面面工作环节、服务环节的计算机化和网络化，发展到最后阶段才是网络库。具体来讲，网络图书馆是由电子和数字图书馆来共同组建完成的，它是一种可开展广泛的信息资源和电子信息服务共享的网络信息化服务平台。

对广义的信息资源来讲，可涵盖较多形式运营商的文献资料，是信息活动中各种要素的总称。“要素”包括信息、信息技术以及相应的设备、资金和人等。

狭义的信息资源，是信息本身或信息内容，即经过加工处理，对决策有用的数据。开发利用信息资源的目的就是为了充分发挥信息的效用，实现信息的价值。

网络图书馆的信息技术设备尤为重要，因为它的重要性和地位尤为突出，因此，广义上理解信息资源是更科学的。从布局上看，网络信息资源库的收集分为两个部分：一是图书馆的实体馆藏资源，二是网络上的信息资源。

（二）图书馆信息资源网络化的特点

图书馆在网络环节下发展的不同时期，其馆藏信息资源的组成也是不一样的。在PC LAN阶段，为主的仍然是印刷品的信息资源，而电子文献的集合主要是依靠馆藏书目数据库、读者信息数据库和流通量数据库。局域网和网上收集的信息资源有着截然不同之处，它不仅包含图书馆本馆的馆藏信息，而且还通过共享信息和网络检索，在别的服务器上所查阅到的所需资料。简而言之，网络信息资源库集合具备以下五个特点：①从载体形式来看，收集到的信息类型更加多样化；②从文献组成的比例集合来看，数字化采集电子文档的比例呈上升趋势；③从文献信息的分布来看，不仅具有本地信息的集合，也包括异地信息；④从文献利用率的角度来看，电子文献的利用率不断上升，相比较而言传统印刷文字的利用率，就有了明显的下降趋势；⑤以信息服务的功能为出发点，以印刷物为主体的传统服务非常单一，电子文献就更加多样化，形成了服务高效的电子文档的集合。

（三）现实馆藏和虚拟馆藏的突出特征

图书馆网络化将现实馆藏和虚拟馆藏融为一体，它们是不能分割的，是密切相关的两大部分。它们也具有一定的特点：①现实馆藏和虚拟馆藏是互利的。在互联网上高校图书馆的馆藏，自由馆藏载体不仅是本馆的现有馆藏，也可以作为兄弟院校图书馆资源的虚拟馆藏。本馆拥有更新资源、修改资源、使用和配置权资源的权限；②虚拟馆藏有共享资源的权限，不具备更新、修改、支配的权限。但对开发合作或者信息资源的建设者除外；③从地理位置来看，现实馆藏是本单位和本地的馆藏，虚拟馆藏是其他单位或其他渠道的馆藏，本馆的读者或用户可直接使用本馆资源，需要使用虚拟馆藏时需要有协议或申请、借用，也就有一个间接的联系。

三、网络化图书馆所具备的优势

（一）与传统图书馆相比较

网络环境下图书馆与传统图书馆相比，有其不可替代的优势。在网络环境下，传统的信息收集、加工、处理、存储和传输方式在本质上发生转变，分散在不同的地点以数字形式存储的信息，通过网络相互连接，可以使任何地方的任何人使用到所需要的网络接入终端的信息。由于互联网的出现，这种优势更为明显。

通过互联网，图书馆藏书可以扩展到整个网络，开放的网络使所有用户都可以从“实物性”转为“网络性”，其收藏的书籍从有限延伸到无穷远处，所有用户都可以共享在线文档的资源和书籍。因为访问图书馆资源不会受开放的时间和地点的限制，从而扩大其读者使用图书馆的次数。

（二）图书馆网络化提高资源利用率

网络图书馆极大地促进了数据运行，使网络文学之间的共享库可以很容易相互贯通。信息服务的网络化，是信息服务手段的一个根本性变化。原先的传统手工式的服务，周期长，时效性差，使其现在难以被读者接受。

网络建设可以使用一些工具或软件把文言文译成现代文，把外国文字翻译成中文，使得接受能力有限的读者仍然可通过网络找到所需的信息。而且网络可实现远程传递图书馆信息资源的功能，馆藏文献的利用率得到了提高，实现真正的信息资源共享和集合。有限的读取时间和无限数量的信息是一个很大的矛盾，只能通过信息网络来及时的检索到所需的有价值的信息。网络管理和服务在网络化图书馆的环境下上升到了一个新的水平，使图书馆管理变得简单、高效和开放，为读者服务的意识也进一步得到加强。

四、高校图书馆网络化建设的措施

首先，从思想意识上提高对图书馆信息化建设的重视，尤其是高校领导应该转变观念，重视图书馆信息化的建设。高校图书馆网络化建设是一项长期而艰巨的任务，应该得到高校领导和各个部门的重视与支持，尤其是图书馆工作人员应该转变思想观念，努力树立服务与竞争的意识，从读者的需求出发，不断开拓更多的服务业务，增强服务的内容与品质，从而实现高校图书馆网络化的建设与资源共享的目的。在当前信息与网络全球化的背景下，传统的图书馆管理系统是属于封闭的一个子系统，而应该充分利用互联网所提供的各种信息资源，将图书馆建设成为一个开放的大系统，让它可以在更广的范围内实现信息资源的共享。

其次，高校应该重视培养和引进图书馆网络化与信息化方面的专业人才。人才是高校图书馆信息化建设所必不可少的，图书管理既需要具有广博的知识，例如图书馆学知识、以及情报学等方面知识与经验的人才，更需要具备计算机与信息技术方面知识以及操作技能的人才。互联网时代的到来以及网络的开放性，使得图书馆不仅仅是提供图书借阅的场所，图书管理人员更需要利用计算机来服务于广大读者，学会运用计算机来进行图书管理，为读者提供信息检索、加工与处理的现代化信息服务。除此之外，高校图书馆工作人员应该具备良好的职业道德素养，对所从事的行业能够热爱，树立坚定的事业心与责任心，牢固地树立以为读者服务的思想意识。所以，高校应该重视为图书馆工作人员提供多种学习和培训的途径，加强对在职在岗人员的再教育，制定科学合理的人才培养方案，提高图书馆工作人员的工作积极性、提升图书馆工作人员的理论知识与业务水平，以适应信息时代图书馆网络化建设发展的需要。

再次，多渠道呼吁和筹集高校图书馆网络化建设的经费，加快建设的步伐。高校图书馆网络化建设是一项漫长而花费大的工程，需要高校和政府以及社会各界的大力支持。如果没有足够的资金作为保障，就无法实现高校图书馆网络化的建设。想要加快和实现网络化建设，就必须加大资金的投入，想方设法多渠道筹集资金，从而推进网络化的建设。笔者认为可以从两个方面着手：

一是获取政府部门的支持，从中央到地方政府，应该加大对高校图书馆网络化建设的财政预算，这是解决高校图书馆网络化建设资金问题的关键；二是高校应该通过积极创办第三产业，开展一些有偿服务来自筹经费，并且呼吁国内外各种企业的赞助和支持，争取慈善企业和个人的捐赠。

最后，加快实现图书馆工作方式的现代化。当前一些高校图书馆虽然配备了计算机设备，但是其数量太少，与网络化建设的要求相差甚远。因此，高校图书馆网络化建设应该着眼于高起点和高标准，确立图书馆数字化发展的新思路，首先抓好硬件设施，这是基础和前提。其次是购买软件，应该考虑到与计算机性能的匹配，从性能、价格、本馆藏书量、读者人数以及流通量等各个方面综合考虑，采用先进的技术设备，为实现图书馆网络化建设做好准备。

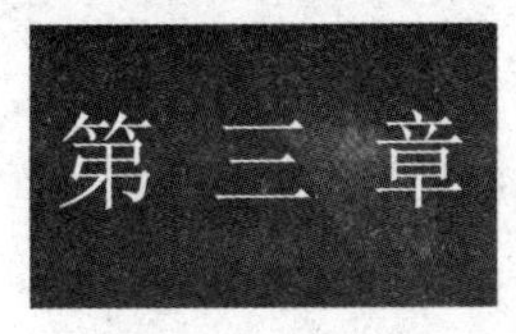

第三章　高校图书馆信息文化建设

第一节　信息文化

信息文化是在信息的生产、传播、交换、创新过程中形成的以信息和知识为核心并作用于社会的特定的文化，是随着计算机和网络的普及而形成的一种新型的文化。

信息文化是先进生产力与先进文化发展的体现之一，大力发展信息文化，充分利用信息文化是新时代赋予我们高校图书馆员的神圣职责。

一、信息文化的定义

信息文化的要素之一，就是信息资源，既可以从内容方面理解，也可以从形式方面理解。从内容特征理解，就是我们这里说的信息文化；从形式特征理解，就是我们说的信息资源，也可以理解为狭义的信息文化。

广义的信息文化，还应当包括制度、文明、产业等。我们这里说的信息文化，是狭义信息文化，主要是指基于信息内容的文化，偏重于精神文明的范畴。

按照当前人们的普遍看法，信息产业，应当包括信息技术产业（IT 产业）和信息文化产业（如文化与传播业、传媒业、出版业等）；信息化应用，应当包括用信息技术改造传统产业以及用信息文化改造传统产业两方面的主要内容。现实的问题是，我们往往重视信息产业，忽视文化产业；重视技术应用，忽视文化应用。与科学主义理解的信息化比较，人文主义理解的信息化就是信息文化，它有自己鲜明的特点。从先进生产力角度看信息化，会理解为信息技术产业发展与信息技术应用两个方面；从先进文化角度看信息化，会理解为信息文化发展与信息文化应用两个方面，实际上二者应当结合起来，才是完整的信息文化产业化。

二、信息文化的内容

信息文化的内容实际是信息资源。信息资源是经过人类开发和组织的信息的集合，它包括三层含义：①信息资源是信息的一部分，是信息世界中与人类需求相关的信息；②信息资源是可利用的信息，是当前生产力水平和研究水平下人类所开发和组织的信息；③信息资源是通过人类参与而获取的信息，人类的参与在信息资源的形成过程中具有重要的作用。信息资源的核心是可利用性，这也是资源的共同属性。

信息资源有狭义和广义之分，狭义的信息资源主要指信息内容，广义的信息资源则包括信息内容以及与信息内容相关的信息技术、信息设施、信息人员等。

信息资源还可以根据加工的纯度和精度划分为一般形态的信息资源、知识形态的信息资源和情报形态的信息资源三种类型。其中,信息资源是指经过人类初步加工的信息,是产生知识的基础;知识是经过检验的高度序化的信息资源,是在信息资源的基础上经过进一步加工和提炼而形成的纯度较高的产品。

可以说,信息资源是人们通过一系列认知和创造过程之后以符号形式储存在一定载体上可供利用的全部信息文化。

三、信息文化的类型

信息文化的类型有多种,这里将其归纳为下面四个主要方面。

(一)文献信息文化

文献是以一定符号记录知识和信息的一切载体,是信息最正式、最重要的载体形式。文献信息主要包括:专利、标准、技术报告、期刊论文、科学论著、资料汇编和往来信函等。它的形成和传递可以是创新主体进行合作研究或开发的结果,也可以是各种创新形式扩散的结果,还可以是创新主体通过信息活动主动搜索的结果。

(二)物化信息文化

物化信息主要包括机器、装备、生产线,直接代表着技术创新的成果,蕴涵着丰富的创新信息。这些技术产品中的转移既是技术扩散的重要渠道,同时也是创新信息的重要渠道,是创新信息的重要来源。

(三)人才信息文化

人员之间的联系,无论是正式的还是非正式的,都是信息传播的重要渠道。人才信息中蕴涵三种重要的信息内容:①话语信息,许多创新思想就是通过非正式的谈话交流获得的;②情景信息,只有在具体情景中才能准确地传播和理解;③知识而且是结构化的知识,是关于创新的一般方法和解决问题的基础。人才信息传递是衡量知识创新中信息、知识流动的一个重要指标。

(四)网络信息文化

利用计算机网络、互联网、电信网等进行信息交流是获取信息的一种形式。随着计算机应用的普及、网络的发展、数字图书馆的建设,网络信息将成为一种主要的信息类型。它具有方便、快捷、信息量大、高传输性、可分享性,还具有交互性、感染性、易复制等优点,代表未来信息流的趋势,前景广阔。网络信息具有空前的复杂性和多样性,将会极大地提高信息传递和知识创新的效率。

四、信息文化的实质

信息文化水平的高低更多地反映在信息素质上。

（一）信息素质

信息素质是一个不断发展的概念，信息素质可以定义为："具备较高信息素质的人，是一个有能力深究信息需求的时机，并且有检索、评价以及高效地利用所需信息的人，是一个知道如何学习的人。他们知道了如何学习的原因在于：他们掌握了知识的组织机理，知晓如何发现信息以及利用信息，他们是有能力终身学习的人，是有能力为所有的任务与决策提供信息支持的人"。

还可以这样理解信息素质，它是指"人们所具有的信息意识、信息处理的各种能力和技能，包括信息搜集（开发）、鉴别、综合分析的能力，信息技术运用能力，以及积极的信息心理和良好的信息道德"。

（二）信息素质标准

标准一：具备明确信息需求的内容与范围的能力。定义与形成信息需求；能够识别多种类型与格式的潜在信息；知道获取信息的费用以及效益；具备对所需信息内容与范围进行重新评价的能力。

标准二：高效地获取所需信息。选择合适的调查方法或信息检索系统，以及获取所需信息构建与实施有效的检索策略；利用联机检索终端或亲自使用一组方法检索所需信息；必要时改进检索策略；获取、记录、管理信息与信息源。

标准三：能客观、审慎地评估信息与信息源，并将其纳入信息库与评价系统。具有从获取信息中提炼信息主题的能力；复合主题概念以形成新的概念；能通过对新旧知识的比较而确定信息的增加值；能确定新的知识对个人价值体系的影响，并使其融合于个人的价值体系中；决定是否有必要修订初始的查询。

五、信息文化的积极作用在图书馆信息服务中的作用

（一）信息文化的积极作用可以引导图书馆的信息

服务朝着积极主动的方向发展在以网络为基础的信息社会里，人们的行为方式、思想方式甚至社会形态都发生了显著的变化。信息文化的形成极大地影响着人类的生活，同时，信息文化影响着图书馆的信息服务，影响着信息资源的开发与利用，影响着图书馆职工的服务态度和服务水平。积极的信息文化表现出速度快、效果显著、联系紧密的特征，反映在图书馆的信息服务中，可以更好地引导图书馆职工在为读者提供信息服务工作中，积极主动、高速快捷地满足读者的信息需求。

（二）信息文化的积极作用可以使图书馆形成具有团结奉献的精神

信息文化管理模式把“以人为本”作为主要的信息价值观念，认为人力资源是最宝贵的资源，对人高度重视。所以说，积极的信息文化可以营造的是一个团结、进取、互助的集体氛围。如果职工处在这样一个集体中，那就可以激发职工忘我的工作精神，促使职工劲往一处使，把图书馆的工作做得更好。

（三）信息文化的积极作用可以推动图书馆文化管理思想的发展和完善

信息文化建设的目的，在于提高用户的信息意识，使用户充分认识到信息资源对组织生存与发展的重要作用，形成以信息、知识为本的价值观念；也可以提高用户获取和利用信息的能力。积极的信息文化作用可以提高图书馆职工的信息行为能力，规范职工行为，提高图书馆的信息服务质量，满足读者的信息需求，从图书馆整体的发展来讲，可以推动图书馆文化管理思想的发展和完善。

六、图书馆信息文化的构建

（一）加强图书馆信息文化平台的建设

信息文化为高校大学生展现其丰富多彩的内心世界提供了表达的平台，也为大学生提供了更广阔的交流、沟通的空间。面对一浪高过一浪信息化的冲击潮，加强大学校园信息文化建设、形成健康的信息化环境势在必行。所以，高校图书馆应加强图书馆信息文化平台的构建，形成科学、规范、积极的网络支撑平台，通过积极的信息文化平台，积极引导、激励和支持大学生形成正确的世界观和人生观。

（二）构建以人为本的图书馆信息文化

以人为本的信息文化的构建就是要求图书馆服务应以用户为中心，所有的服务必须以方便用户、满足用户需求为前提。以人为本的信息文化的构建，可以主动为用户提供所需信息服务，节约用户从信息海洋中搜寻信息的时间，更可以使用户便捷地访问图书馆和图书馆的各项服务，极大地提高图书馆信息资源的利用率。

（三）开创信息文化环境下的图书馆特色服务

信息文化环境打破了传统图书馆的地域、馆舍、时间、载体、传播方式等限制，促使用户更愿意访问那些信息量大、满足其信息需求、服务快捷、富有特色的图书馆。特色服务是图书馆信息服务的创新和发展方向，图书馆应根据自身的馆藏特色、服务对象，有计划地加强重点馆藏建设，形成自己的特色，使其优势更加明显；同时，应加强深层次挖掘和开发各种专题特色资源，运用各种方法和手段开展各种有特色的信息服务活动。

（四）开创信息文化环境下的图书馆信息行为

信息行为是指与信息有关的人在社会生活中为满足信息需求的目的而生产、获取、加工、传递和使用信息等活动的总和。在信息文化的影响下，用户的信息意识得到了加强，信息能力得到了提高，图书馆应顺应这种变化，克服观念障碍，进行体制改革，创新信息行为，赋予信息文化新的内容，真正使图书馆在大学校园信息文化传播中占领主动位置，把握主动权，为学校的教学、科研、学科建设和校园文化建设提供切实有效的文献信息资源保障。

第二节　地方高校图书馆的区域影响因素

一、地方因素

随着我国高等教育的改革，高等教育呈现出明显的区域性。地方高校从办学层次上讲，有别于国家级的名牌大学，它是我国高等教育体系中的一个重要组成部分。其办学经费主要来源于地方政府的财政拨款，它的办学任务和目标是针对地方及所在区域。作为省级以下地方城市的高校，其办学层次和定位应锁定于所在的区域，"地方性"是地方高校的重要特征。在高等教育系统化的社会环境下，高校的办学层次与任务是有社会分工的。不同层次、不同类型的高校都有自己发展的独特空间。地方高校办学的独特空间在地方，办学层次应当重心下移，目光向下，以培养地方实用性人才为主，紧紧贴近地方，立足地方，才能办出特色和水平。地方高校面向社会、服务地方的办学宗旨，决定了其所属图书馆的办馆方向。地方高校图书馆作为地方高校系统的子系统，必须服从于和服务于系统的整体目标。在办馆定位、文献资源配置、管理模式上都应该体现"地方性"这一固有特性。在服务理念上不仅要为所在高校的教学、科研用户需求服务，还要把眼光延伸到所在地区，密切关注地方的发展和信息需求，使图书馆资源做到取之于地方，用之于地方。

二、生存与发展因素

地方高校的生存与发展空间在地方，地方高校图书馆的空间同样也是在地方。发展好地方经济和文化建设是地方高校图书馆办出特色、彰显学术价值和经济、文化功能的必由之路。

地方高校图书馆，在完成所属院校的教学、科研任务后，应积极主动地适应地方经济与文化建设的信息需求，做好文献资源的收集、组织工作，并充分发挥图书馆的各项功能，逐步使地方经济与文化建设的信息资源中心，成为所在区域物质文明发展的智力源和精神文明的辐射源。

第三节 高校图书馆地方文献数据库建设

一、地方文献的概念

关于地方文献的定义,国内外的解释多达数十种,为了直指核心问题,该文不再一一赘述。概括来说,国内有广义、狭义两种看法。广义的地方文献将有关该地方的一切资料全部囊括进去,至少有地方出版物、地方人物与著述、地方史料三大部分。主要依据作者、出版社是否在某一地方来判断文献属性,只要是当地人士的著述、地方出版物,不管内容是否涉及当地文化内容,都将它归入地方文献。狭义的地方文献是以出版物的内容是否具有地方特点作为划分文献的标准,仅将内容涉及该地区文化的文献归入此类。该文认为地方高校图书馆应该秉持广义原则,因为当前地方文化、文献积累普遍薄弱,再"狭义"就没有了。要尽可能广泛、全面收集、整理各种文献,展现丰富的地方文化面貌,才便于地方高校教学与科研。

二、地方文献建设的重要意义

地方文献的内容丰硕宽广,一端指向悠远的历史积淀,一端指向形形色色的当下文化生活痕迹,政治、经济、教育、军事、水力、风土人情、历史文物等,举凡人类文化的方方面面都有可能在某一个地方有不同的呈现,具有现实的学术意义和很高的史料价值。收藏地方文献对地方高校来说最直接的意义就是为教学、科研提供素材资料,所形成的馆藏特色也为学校的图书馆增添价值。地方高校的教育无疑支持地方经济发展,文献资料的意义也就得到延伸。一个具有科学发展观的地方政府,在制定各项经济决策、发展规划时都要审视当地的过去与当下实际,从民情、地理、社会条件、资源条件各方面做出综合判断,这时地方文献就为经济建设发挥出参考作用。与此同时,当地乡土文化也就有了传承、发展的契机。

三、地方高校图书馆地方文献建设现状

地方高校图书馆地方文献建设最主要的问题是认识偏差和经费不足。许多领导对地方文献没概念,对其重要意义当然缺乏必要的认知。现在社会崇尚"高大上",皇皇巨著作为镇馆之宝,零散、局部的地方文献就难免边缘化。有的教学、科研人员也较少把眼光转向身边的文化和学术问题,导致教学、科研对地方文献的忽视。从体制来说,地方公共图书馆都有"呈缴本"制度支撑提供稳定的文献源,而地方高校馆的角色位置使之缺乏"呈缴本"待遇,也不容易得到政府重视和相关部门的支持。与其他文献相比,地方文献来源非常复杂。简单来说,它有不同的载体、版本,范围广泛,形式多样;它有不同的出版、生产、发行单位;有不同的保存单位和个人。各种材料购置需要大量的资金支持,况且许

多内部档案、内部资料仅靠市场渠道购买是很难收集的。当然，图书馆缺乏管理地方文献的高素质专门人员，没有具体的工作条例和标准，诸如此类都是问题。

四、地方高校图书馆收藏地方文献的现状及主要制约因素

目前，地方高校图书馆在收藏地方文献工作存在的主要问题集中表现在两个方面。一是相当一部分地方高校图书馆收藏地方文献工作仍处于被动地接受地方“赠阅”的范围之内，主动收藏工作尚缺乏实质性进展。二是对馆藏地方文献的深层次开发工作滞后，尤其是数据库建设工作迟缓，致使馆藏的地方文献资源得不到高效、充分的利用。

导致上述现状存在的主要制约因素可从以下三个方面分析。

一是从地方文献的特性角度分析。地方文献有很大一部分是内部印刷，自身的流行范围十分有限，且相当一部分在性质上属于“内部文件”或“内部资料”，存在着一定的“保密”性，只能在特定范围使用，一般不对普通读者开放；同时，地方文献大多都没有统一的分类和著录，对该类书目的数据库建设更是缺乏统一的标准，从而在客观上制约了高校图书馆对地方文献资源的收藏工作。

二是从校地合作关系角度分析。长期以来，我国地方高校与地方经济社会发展相互联系的紧密度一向不是很高，因而地方高校的科研工作者即使是选择了相关的科研项目，其研究内容也大多局限于基础理论和较为宏观的层面，充分利用地方文献，对地方经济社会发展过程中出现的具体问题进行有针对性的深入研究的相对较少，这是导致地方高校图书馆由于地方文献的利用率较低而缺乏收藏意愿的重要制约因素。

三是从地方高校自身角度分析。目前，许多地方高校对高校图书馆收藏地方文献工作的认识仍然停留在“收藏地方文献主要是地方图书馆和档案馆的工作职责”与本校图书馆关系不大的认识限度内，因而即使是有过被动收藏的经历，收藏目的也不甚明确，一旦图书馆在收藏、开发过程中遇到工作阻力时，便首先在高校领导层产生了认同或默许图书馆停止收藏或开发地方文献工作的态度。同时，近年来，地方高校自身发展过程中的数量扩张以及由此引发的校区扩建等特征极为明显，本身就存在着发展资金短缺的问题，而对地方文献的收藏和深入开发、利用又是需要以后续资金的相继追加为支撑的，因此，资金短缺也是导致地方高校对地方文献收藏缺乏主动性的制约因素之一。

五、化解主要制约因素的工作方式

（一）领导重视是关键

在高校图书馆，对地方文献的收藏、开发和利用较一般文献的征订、再加工和管理工作而言是一项极具特殊性质的工作，由其特殊性而产生的难度也不仅仅是存在于技术方面。就收藏、开发和利用过程而言，工作难度就集中表现为“许多问题仅靠图书馆自身的努力是无法独立解决的”，因此迫切需要领导者给予充分重视。而是否重视和重视的程

度如何，则是地方高校图书馆能否开展和能否长期有效地开展好地方文献收藏工作的关键所在。

工作中，高校图书馆迫切需要得到高校领导者在以下三个方面给予高度重视和大力支持。一是将图书馆对地方文献的收藏、开发和利用作为建设应用型本科院校和培养应用型人才过程中的一项重要工作，在馆内设置独立的分属机构，实现机构设编、人员定岗，以利于在馆内搭建起地方文献收藏、开发和利用工作的平台，保证对地方文献收藏、开发和利用工作的长期开展。二是追加必要的经费，以保证地方文献收藏、开发和利用工作的有效开展及技术平台的搭建及后期维护。三是以“市级”为基层面进行“高层深度沟通”，争取得到相关市“四大班子”对地方高校图书馆收藏地方文献工作的认同和大力支持。

在上述三个迫切需要得到高校领导者给予高度重视和大力支持的事项中，专业人员配置和“高层深度沟通”是至关重要的。在专业人员配置方面，鉴于地方文献收藏工作的自身特点，对所配置的专业人员应做如下要求：有较高的政策水平；有合理的知识结构和专业修养；有强烈的情报意识和一定的公关及社会交往能力；有一定的组织能力和协调能力。绝不能将不具备从事该项工作素质的一般工作人员配置在这一重要岗位，更不能将这一重要岗位作为安置不具有图书馆工作经历人员的场所。在“高层深度沟通”方面，地方高校图书馆能否顺利开展和切实做好对地方文献的收藏工作，与地方政府是否给予积极认同和大力支持是密切相关的，同时，这项工作也是仅凭高校图书馆自身所无法有效解决的问题。在这一方面，校地之间的“协作”问题通过“高层深度沟通”这种“行政”方式解决更易于收到实效。

（二）将校地、校企合作作为工作切入点

实践中，高校图书馆对地方文献收藏的有限性和开发不到位越来越成为制约高校科研人员从事区域经济研究工作的“瓶颈”，在相当程度上影响了高校科研人员从事域内经济社会发展等方面研究的积极性和所完成的科研成果的层次及总体水平。与此同时出现的问题则是如前所述的原因导致的地方高校科研人员对地方文献的利用率不高加剧了地方高校图书馆对地方文献收藏和开发意愿的降低。而二者之间交互作用的结果则进一步强化了地方高校图书馆不愿收藏地方文献的工作趋向。

如何化解这一矛盾，当前，理想的工作切入点之一是将正在深入开展的校地、校企合作作为一个大好机遇，强化正效应，弱化反激励。首先，“校地、校企合作代表着地方高校未来的发展方向”认识的提高和校地、校企合作过程中生成的地方高校科研人员必须面向地方经济社会发展从事科学研究的社会背景，决定了地方高校科研人员从事地方经济社会发展方面的课题研究将是一项长期性的工作，并不是短期行为，有助于促进地方高校科研人员主动形成从事地方经济社会发展问题研究的自主选择。其次，校、政、企三方出台的相关优惠政策，有利于对地方高校科研人员形成从事地方经济社会问题研究的正

激励，进而增强其面向地方、企业搞科研的主动性。最后，随着校地、校企合作工作的进一步深入，当合作各方均取得成就之后，有利于高校科研人员最终确立自己研究地方经济社会发展问题的科研方向。因此，校地、校企合作工作是一座桥梁，它畅通了高校科研人员积极参与地方经济社会发展和企业生产经营的渠道；从地方高校图书馆角度讲，则是有效化解地方高校图书馆对地方文献的收藏、开发意愿与科研人员对馆藏地方文献的利用率低下之间矛盾的大好机遇和有效方法。

（三）建立和强化地方文献收藏、开发、利用之间相互促进的工作机制

在地方文献的收藏、开发、利用这三者关系的问题上，高校图书馆界的认识是十分明确的。对地方文献的合理收藏是开展有效开发和充分利用工作的前提，对地方文献的有效开发是做好充分利用工作的关键，充分利用则是前期进行的合理收藏和有效开发工作所要达到的目的。对于高校图书馆自身而言，问题的关键并不在于认识本身，而在于如何建立和强化地方文献收藏、开发、利用之间相互促进的工作机制，进而真正形成三者之间不可分割的整体关系。

1. 收藏工作

首先，在进行地方文献收藏过程中必须进一步强化和突出地域性、针对性和系统性这三个原则。就地域性而言，地方文献的地域构成及其广泛，地方高校只有有重点、有选择地收藏域内的地方性强、乡土特色浓厚的地方性文献，其收藏工作才能收到满意的效果。就针对性而言，地方高校应当依据自身的“校情”和馆藏地方文献最基本的利用主体，以收藏与本校现有专业和拟建专业联系紧密的地方文献为主，辅之以其他相关文献。就系统性而言，地方高校图书馆所收藏的地方文献是否具有系统性，将直接影响到今后对所收藏的文献进行有效开发和充分利用工作的实效性，因此，在进行地方文献原始资料的收藏过程中应当尽可能地做到，其所收藏的各类地方文献大多都够形成各自独立的体系。近年来的工作实践表明，地方高校图书馆在地方文献收藏、开发、利用过程中如果忽视了地域性原则和针对性原则，其所收藏的地方文献更多的是表现为单纯的收藏数量增加和有限资金的不合理利用；忽视了系统性原则，这必然导致其所收藏的地方文献由于参考价值低而无法有效利用，甚至出现无效收藏。因此，在进行地方文献收藏过程中进一步强化和突出地方文献收藏工作的地域性、针对性和系统性，是地方高校图书馆收藏地方文献过程中必须高度重视的问题，千万忽视不得。

其次，一所地方高校坐落的地理位置和发展方向定位，在客观上划定了其所收集地方文献的主要范围。具体而言，地方高校在地方文献的收藏类别上，应当包括地方史料、地方志、地方出版物这三个相关的大类。其中，地方史料是研究地方经济社会发展历程时可以依据的全部历史资料的总称，因而其内容相当繁杂，既包括史书、档案文书、思想或学术著作、文学作品、日常生活中的文字遗留、杂志、口述史料和碑刻、墓志、家谱等文字史料，也包括图像、风俗等非文字史料。显然，地方高校图书馆对地方史料不可能做全

部收藏。选择对象的范围应当以相关的史书、档案文书、思想或学术著作、文学作品为主，其中，收藏重点是与地方高校坐落的地理位置和本校专业、学科设置相对应的相关文献。地方志是记述特定时空内某一个方面或总体域情的综合性书籍，其中，综合性地方志是反映地方域情的一部百科全书，最好能够做到整体收藏。地方出版物是以图书、报刊、电子音像制品等形式出版的反映地方域情的地方文献，较地方志而言，其内容虽分散，但是更全面。其中，由于电子出版物可以通过计算机或具有类似功能的设备进行读取编辑，因而是一种更具有“投资少见效快”的收藏对象。

最后，在确立了上述收藏原则和范围的基础上，对收藏方式可做如下具体要求：前期文献以征为主、以购为辅，后期文献以争取“赠阅‘为主、以购为辅、兼用复制方式。

2. 开发工作

地方高校图书馆进行地方文献开发工作应坚持三个原则。首先，要打破地域和系统的限制，力争促成协作开发。其次，要将所开发的地方文献做出规范的科学分类，为下一步的数据库建设奠定基础。最后，一定要保持所开发文献各个类别的完整性和自成序列性，以提高所开发文献的可利用性。

对地方文献开发工作的一般要求主要体现在四个方面。将馆内原有的和新收藏的地方文献统一编制书目，数量较全的文献可汇编成册；将分散的地方文献编制成专题索引；充分发挥图书馆网站的功效，力争方便快捷地为读者提供服务；充分运用文献重组技术，对具有多重使用价值且利用率高的地方文献进行深度标引和有序化，建成新颖独特的数据库。

对地方文献开发工作的特殊要求是特指开发成果的特色和规范化。在网络时代，评价一个图书馆存在的社会价值并不是单纯地看其藏书量的多少，更重要的是看其馆藏特色和共享能力。有了丰富的馆藏不一定就是形成了特色，对特色馆藏仅仅停留在“对外开放”层面上也不是现代意义上的共享。工作实践中，对馆藏资源的开发能力恰恰是形成馆藏特色和实现共享的前提并同时具有承前启后的作用。因此，地方高校图书馆必须充分运用其所拥有的技术优势和专业优势，在地方文献开发过程中于专、精、深方面形成特色的同时，其开发成果也能够实现共享，只有同时做到这两点，高校图书馆才能够更好地促进收藏和利用工作的开展，才能更充分地展现自身存在的社会价值。

3. 利用工作

在地方文献的利用原则方面，要打破以往对地方文献重藏轻用的倾向，正确处理好藏与用的关系。要积极促使本校图书馆的地方文献资料机构朝着研究型方向发展，以提升其对地方文献资源收藏、开发和利用的能力，并将此确立为做好地方文献资源利用工作的一条重要原则。其中，强化数据库建设是首选方式。

数据库的诞生和发展使得高校图书馆的服务工作发生了质的变化期间，形成了不求所有但求所用的收藏理念，以合作共建为主要内容的开发理念，以资源共享为特征的利用理念。因而整合高校图书馆自身的馆藏资源，进行有选择的收藏、以合作为前提的共建、实现共建成果的共享，便成为高校图书馆履行社会责任和实现自身发展的根本途径。

高校图书馆建设地方文献信息资源共享体系的目的主要是为了高校科研人员获取信息资源时的方便、快捷和实惠。要实现这一目的，合理的分工协作是前提。受数字化管理的维护成本高和自身经费有限等因素的制约，无论是地方高校图书馆还是地方图书馆，都很难做到对馆藏文献全部数字化，这就需要对地方文献资源数字化的内容进行选择，通过分工和协调，在高校图书馆建立起一个既符合地方文献资源共享体系的要求又充分体现自身特点的数字化体系。在技术层面，建库过程中必须坚持标准化和规范化原则并保持过程的连续性，各参加馆必须严格依据《国际标准书目著录》、"UNIMARC /规范格式"、《中国机读规范格式》等有关文献数据库的标准，按照《中国文献编目规则》《新版中国机读目录格式使用手册》规定的标准著录格式进行标引和著录。

总之，在高校图书馆界诸多同仁的共同努力下，高校图书馆对地方文献的收藏工作已经取得了积极的进展。在总结以往工作的基础上，探讨地方高校图书馆收藏地方文献过程中的主要制约因素及化解方式，对进一步加强高校图书馆对地方文献的收藏工作将起到积极推动作用。

第四节　地方高校图书馆为地域文化建设服务

图书馆是一个地区的文化建设和社会文明程度的重要标志，在社会主义先进文化建设中有着不可或缺的作用。作为保存文献、传递信息、开展社会教育、传播先进文化的地方高校图书馆来说，如何在社会主义文化建设中促进地域文化建设，是高校图书馆工作者值得探讨的问题。本节就此问题提出一点粗浅的认识。

所谓地域文化，是指由于受相同的历史、地理、人文等因素影响，而长期积淀形成规模，产生一定影响，带有鲜明地方特色的文化现象。地域文化直接反映在地域文化文献中。我们知道，地方文献是指一切与地区有关的文献，即地方出版物、地方人士著述和内容涉及本地的出版物，而地域文化文献则是地方文献中带有地域文化共性的部分，它强调的是长期积淀、形成规模、产生影响、鲜明特色。简而言之，地域文化是地方特色文化。

一、地方高校图书馆为地域文化建设服务的必要性

众所周知，领导世界文明前进的因素有两个：一个是城市，一个是文化。文化作为一定社会经济和政治的反映，正日益成为一个国家综合国力的重要组成部分。作为城市文化机构的高校图书馆，在城市文化发展中应发挥其重要作用。特别是在一些地级市、区公共图书馆不能满足地域文化建设所需文献信息服务的时候，高校图书馆更应充分发挥自身优势，为地方文化建设服务。

（一）有利于促进高校图书馆自身的建设

地方高校图书馆参与为地域文化建设服务，有利于提高书刊资料的利用率，能充分发挥文化资源的作用，能在较大的范围内获取反馈信息，及时地、有针对性地补充图书资料，提高藏书质量，形成馆藏特色。高校图书馆员要加强与社会各界专业读者和公共图书馆的横向联系，多承担一些校外的相关课题，互相学习，增强自己的学习意识，提高自己的专业素质。

（二）有利于促进高校科研成果的形成

高校图书馆通过与高校地域文化研究基地的合作，共建地方文献阅览室和特藏室，促进地方文献的建设，同时服务于从事地域文化研究的教师及科研人员，促进地域文化研究成果的产生。高校图书馆员可利用地方文化资源，主动参与一些以地域文化为对象的课题及学术研究活动，并努力争取承担一些具体的研究任务，提高服务的深度和广度。

（三）有利于扩大高校的社会影响力

高校的社会声望是一笔难以估计的无形资产。地方高校图书馆参与地域文化建设，可以使更多的人对地方高校有更深入的了解，可以有效地扩展地方高校的社会影响力，提高其社会声望，从而吸收更多的社会力量支持高校图书馆事业的建设。

（四）有利于产生一定的经济效益

地方高校图书馆参与为地域文化建设服务，可向社会开放，这在一定程度上弥补了图书馆事业经费的不足，增加了馆员的收入，稳定了图书馆队伍，增强了内部竞争机制的活力，使高校图书馆能留住和吸引所需人才。

二、地方高校图书馆开展地域文化服务的优势

（一）信息资源丰富

随着地方高校的“专升本”，本科教学水平评估工作的实施，地方高校投入了大量的资金用于图书馆馆藏文献资源的购置，馆藏文献总量不断增加，文献资源系统全面，学科范围广，形成了本校学科特色为主的、丰富的馆藏资源。从信息资源的广度来看，高校图书馆不仅收藏了大量具有专业性、权威性的一次文献，而且还编制和收藏了丰富的二次文献，如各种专题目录、书目索引、文献综述等。高校图书馆可为读者提供一般图书馆不能提供的专业文献及地方文献。

（二）工作人员素质较高

高校是人才的聚集地，人才是地域经济、文化建设的主力军。“图书馆员是图书馆的灵魂”。地方高校图书馆拥有一支素质较高的情报信息工作队伍。图书馆工作人员不但

具备了计算机科学、外语、数理化、文史哲等学科背景知识，而且还具有利用先进的信息技术处理大量的信息，向用户提供各种信息产品和信息服务的能力。

（三）现代化设施(设备)齐全

经过多年的发展，地方高校图书馆不仅有宽敞明亮的阅览室，先进的计算机设备，而且能为读者提供网络信息服务。同时，高校图书馆的网络电子期刊和联机数据库的建设也取得了很大进展。在齐全的现代化设施的辅助下，高校图书馆的信息资源利用率正逐步得到提高。

（四）信息资源开发与服务水平较高

一方面学校图书馆的工作人员普遍具有较高的专业素质，具备组织、加工、利用文献知识的专门技能。在数据库建设、网络信息导航、信息识别、二次文献开发等方面具有一定的优势；另一方面，随着高校图书馆体制改革和服务观念的变化，工作人员的职业道德也有所提高。

三、地方高校图书馆为地域文化建设服务的措施

地域文化建设是一项跨地区、跨部门的系统工程，需要众多部门来共同完成。高校图书馆作为地域文化建设的重要组成部分，应做好如下工作：

（一）加强地方文献阅览室和特藏室建设

为了更好地服务于地方经济建设，地方高校可以在专业设置上设立与当地经济密切相关的专业，以培养相关专业的毕业生。地方高校也应在科研上更多地涉及一些与地方经济文化相关的项目，以得到地方政府和企业的支持。因此，图书馆收集地方文献，不仅有助于为本校教学、科研及地域经济文化建设服务，而且有利于将图书馆建设成为本地区的文献信息中心。高校图书馆不但要重点收集地方史志、地区概况、人物资料、乡土文化资源、地方特色产业和支柱产业文献、旅游文化资源，而且还要收集载体文献资源，如电台、电视台和信息网站播放的大量各具地域文化特色的信息节目，从网上下载地域文化特色信息，以及购买现成的地域文化特色数据库、电子出版物和声像资料，建立馆藏地域文化文献资料数据库。另外，高校图书馆还应加大对各种团体和个人编印的非正式出版物的收集力度，如收集企业小报、旅游资料、地方工农业产品宣传资料、厂史、商标、海报等。以萍乡高等专科学校图书馆为例，该馆在特藏室设立了本地区名人名家捐赠资料专柜、安源工人运动研究资料专柜，并自建了文廷式研究资料数据库等。

地方高校图书馆应对地方文献建设进行合理规划，投入专门资金和人力加强建设，同当地的文化行政主管单位、文化事业单位，文化名人和地域文化研究人员建立联系，尤其是与本校地域文化研究基地的专家联手，加强图书馆的外联工作，对地方文献系统收集、加工，集中收藏，建立地方文献阅览室。对于作品较多、成就很大的知名人士文献，可

以建立特藏室加以收藏。地方文献阅览室和特藏室作为图书馆常设部门，图书馆要安排业务知识能力强，具有情报学科知识的专业人员进行管理，为学校内外各类读者提供文献资源服务，提高资源利用率，为地域文化研究者服务。

（二）整合和开发馆藏资源，为地域文化研究者服务

首先，地方高校图书馆要对馆藏地方文化进行深度开发，整合资源，使馆藏文献资源转化为生产力。如萍乡高等专科学校图书馆可对旅游胜地武功山的资源、杨岐山的名胜古迹、革命圣地安源的历史、萍乡的傩文化等按专题整理加工成二次、三次文献，树立和打造具有地方特色的文化品牌，以文化品牌的优势树立高校图书馆的形象，实现经济与社会双赢。其次，地方高校图书馆要变传统的被动服务为主动服务，变“守”为“攻”，为读者提供多样化的服务内容。如萍乡高等专科学校图书馆可以参与科研、设计等课题的攻关，与地方支柱企业联姻，主动为地方经济服务；建立地域文化研究专家档案，做好专家查阅文献的记录，重点掌握专家在研究地域文化方面取得的各种成果及其研究动态；为企业办理集体借阅证，提供专门书籍；举办各种文化和经济问题研讨会；参与企业文化的研究等。

（三）发展文化展示功能，开展文化交流活动

图书馆的文化展示功能表现在许多方面：一是图书馆的建筑文化展示。高校图书馆馆舍代表了一所学校的文化风貌，它不仅给人以美的享受，还给人以文化熏陶，成为大学校园不可或缺的建筑文化景观，使读者一进入图书馆便感受到一种文化的震撼。除一流的馆舍、丰富的馆藏、先进的技术设施、优美的内部环境外，地方高校图书馆还应加强内部管理，提高工作效率和服务质量，用有效的管理、人性化的服务来展示图书馆的风采；二是各类文化艺术展示。高校图书馆经常与学校其他系部联办艺术画展、摄影作品展，促进非课堂教育的深化，传播地域文化知识，努力营造出与当代城市生活相适应的精神文化氛围。如高校图书馆可通过杰出人物雕像等方式打造地域文化特色，陶冶广大青年读者；三是地域文化活动的开展。高校图书馆要积极开展具有地域文化特色的社团活动，邀请知名专家、教授、学者来馆参观、讲学，通过开展具有地域文化特色的交流，营造地域文化氛围。同时，高校图书馆还要重视网络等载体建设，充分发挥网络的优势，积极宣传地域文化，最终形成具有地域文化特色的校园文化。

（四）建立地方文献数据库，实现资源共享

相邻地区图书馆，同一地方的各级图书馆、高校图书馆，同一图书馆里的工作人员在收集地方文献的过程中应加强联系和沟通，分工合作，各有侧重，互通有无，建立地方文献数据库，实现资源共享，各馆要充分利用网络媒体便捷的交互功能，加强图书馆与读者，以及读者之间的交流。高校图书馆只有以“人无我有，人有我优”的特色馆藏优势，拓展服务馆藏，打造服务精品，才能最终傲立于信息服务的行业之林。

第五节　信息文化的交流特点

信息文化具有与农业文化、工业文化不同的交流特点：①信息文化交流手段的电讯化；②交流对象具有广泛的全民性；③交流方向的逆向化；④交流内容的繁杂化。

任何社会都存在主文化、亚文化和反文化三种文化现象。在农业文化和工业文化时期，由国家主导或认可的主文化是一统天下。信息时代使得文化交流的内容空前繁杂，主文化被削弱，亚文化蓬勃兴起，都是在一定时期或特定的背景下出现的文化现象。而社会中出现的亚文化，甚至反文化现象都会对图书馆事业的发展与读者和用户心理产生直接和间接的影响，图书馆在这种文化背景下，怎样增强对信息文化的适应性？这是我们应该关注的现实问题。

图书馆要增强适应性，就应该坚持自己在社会文化交流体系中的地位和作用，这是图书馆立足社会的文化优势。在坚持的同时,还要采取相应的弥合措施。

一、积极参与亚文化交流

亚文化在大方向上与主文化是一致的,所以对他们不能排斥,而要参与,并在参与的过程中给予扶植引导。

二、强化逆向交流

信息服务业以需求为导向，以效益求发展的原则，为图书馆强化这一功能提供了很好的借鉴。以需求为导向，要求图书馆工作重点从文献整序转到根据社会需求开发文献资源上来。图书馆收藏的文献在时间层面上属积淀性信息，它提供发展的背景，对现实仍有一定的参考作用，关键是要找准积淀性信息与社会需求的契合点。以效益求发展，要求图书馆工作改变初级劳动的性质，从主要提供整序后的文献这种初级知识产品，转为提供经过深加工、具有高附加值的文献产品，文献信息库就是这种具有发展前途的知识产品。

三、改变单边式的交流方式

应该加强信息技术的应用研究，组成图书馆网络。现代化图书馆通过计算机多媒体网络形式向用户提供图、文、声并茂的信息服务，信息技术的发展会直接影响到我国图书馆能否适应将来的国际环境。我国图书馆的计算机应用以微机为主，开发的应用系统也多是采、分、编系统和流通管理系统，80 年代中期发展起来的只读光盘数据库购进数量虽有增加，但能真正使用的只占各类型图书馆的少数。网络建设是信息服务发展的基础，网络可以改变单边式的交流方式，使信息资源共享和交换得以完美体现，这不是光靠有了分立式的数据库软件系统就可以实现的，其中图书馆通信网络化是信息时代由分散型图书馆向协调型图书馆发展的必然趋势、是大图书馆、大读者、大服务观的具体表现。我们可以这样说：网络化是信息时代图书馆的基本组织形式，是大图书馆或网络型图书馆的化身。当我们用虚拟信息系统的观点来看待图书馆整体的时候，我们就将系统核心和基础能力回归到信息资源和服务的选择联结机制上，将工作内容、服务能力和发展范围扩大到整个社会信息环境中和丰富的信息资源中，从而使图书馆系统直接参与社会信息系统大循环。

第六节　信息文化与信息服务

一、信息文化对高校图书馆信息服务工作的作用

（一）引领和导向作用

本功能主要指信息文化通过影响和改变图书馆的信息价值观来提高图书馆的信息意识、信息能力和信息服务质量，从而满足读者的需求，获得广大读者的支持和认同。信息文化影响着高校图书馆的服务理念，影响着读者信息价值观、诚信度，甚至影响者读者的人生观和世界观等。积极、健康、向上的信息价值观，可以使图书馆的信息服务充分满足读者的信息需求，可以促进人和组织全面协调发展。信息文化的引领和导向作用指引着高校图书馆的信息服务朝着积极向上的方向发展。

（二）激励和协调作用

信息文化背景下高校图书馆管理模式应主要突出“以人为本”的理念，把人放在首要位置，高度重视调动人的积极主动性，发挥人的创造精神，通过对人的激励和协调来促进图书馆的全面发展。通过塑造统一的图书馆信息价值观，来挖掘馆员的潜能、激发馆员的激情、协调馆员的信息行为，促使全体馆员为实现人生价值而追求更高的目标和远大的理想，不断地创新服务方法，开拓新的服务途径、提升服务质量。

（三）效率和效益作用

高校图书馆在信息文化的引导、激励和协调下，强化了图书馆的核心竞争力，使高校图书馆在激烈的竞争中获得了竞争优势。高校图书馆通过管理的信息化，有效提升管理水平，不但促进图书馆工作效率的提高，信息检索效率的增强，使传统的信息检索、馆际互借、文献传递、科技查新等信息服务工作效率和服务质量得到极大的提高，而且开辟了新的服务领域和增加新的服务业务，最终提高了图书馆的服务效益。

二、高校图书馆信息服务中存在的问题

（一）服务观念落后，服务层次有待提高

由于社会原因和学校的重视程度不够，导致了图书馆服务观念落后和服务层次过低。其主要表现在：第一，主动服务的意识不足，坐等读者上门，使丰富的信息资源得不到充分的利用。第二，大多数图书馆开展的信息服务仍然表现为代查代检、信息咨询（有的学校还没有设立信息咨询部）、复印资料等。服务的内容缺乏深加工，服务的层次仍然比较低，学科跟踪服务、定题服务、科技查新等服务还没有开展起来。第三，图书馆的社会服务雷声大、雨点稀，没有更好地为地方经济发展做出贡献。

（二）资源整合不足，共享程度不高

在高校，学校的很多部门都产生和保存着有价值的资源，但图书馆是对各种资源缺乏有效的整合。多数图书馆只是将本馆的信息资源进行整合，可以在主页进行统一的检索和下载。而分散在学校其他部门的资源，如专家到校的讲座视频、学校老师外出调研的资料等缺乏收集和整理。另一方面表现为整合过的资源，缺乏特色，缺乏馆际协作。在信息资源的整合和数字化过程中，由于行政体制的限制使高校图书馆缺乏统一组织、统一协调，整个高校图书馆界处于各自为政的状态，从而导致信息资源重复购置、重复建设，造成人、财、物的浪费。

（三）专业化管理水平不高，管理机制缺失

管理水平在很大程度上决定了图书馆的发展水平。目前，高校图书馆由于管理水平不高造成的资源重复建设、大量信息无法共享、服务队伍人心涣散等问题比较严重。这些问题主要表现在：一是馆长的专业素养及思想观念。不少馆长不是图书情报的专业人士，甚至是原来学校的行政人员，对图书馆定位错误，把图书馆当作行政机构去管理，图书馆的服务宗旨缺失。二是和时代发展脱节。当今，信息化、网络化大发展，有的图书馆抱残守缺，故步自封，发展严重滞后。三是没有建立一套行之有效的管理机制，缺乏透明稳定的服务流程、科学有效的服务手段、明确开放的服务标准、强而有力的服务监督、及时有效的服务反馈、奖惩分明的激励措施等，阻碍了信息服务的深化和发展。

三、信息文化背景下图书馆创新信息服务的思考

（一）构建以人为本的服务模式

高校图书馆要创新信息服务首先要构建以人为本的服务模式，强调人的核心地位，实行以人为中心的管理，这是图书馆信息服务创新的基础，更是图书馆与时俱进的动力所在。以人为中心的管理强调将图书馆馆员看成是社会人，考虑到馆员的需求、价值观、社会地位，关心馆员来关注馆员的社会需求、人际关系等，从而激励馆员的工作积极性。

为人服务，即图书馆的一切服务工作都是围绕读者而展开的。传统的图书馆强调如何增加馆藏，如何引进现代化设备，而不是考虑如何吸引读者，如何使馆藏资源最大限度地为读者服务，甚至还以种种规章制度约束读者的行为。以人为本的服务应当是想读者之所想，从方便读者的角度出发，研究读者的需求，建立读者与馆员之间的沟通渠道，为读者提供优质的服务。

（二）主动服务，加强与读者的沟通和交流

图书馆的服务不能坐等读者上门，要积极主动地开展各项服务、加强图书馆对读者的吸引力。图书馆馆员应加强与读者的沟通和交流，通过各种渠道了解读者的信息需求，采用新的服务方式，将读者所需的信息推送的读者的手中，从而提高信息资源建设和信息服务质量。比如说加强与毕业生的沟通，了解其信息需求，可以将就业相关的信息送到学生的教室；与专业老师定期联系，将其在教学、科研中所需的最新的信息及时反馈给相关的专业老师。

（三）深化服务，拓展服务的范围及层次

传统图书馆的信息服务模式主要是以纸张为主要载体的文献服务为主。服务内容上主要以原始文献的保存和提供为主，主要提供图书、期刊、报纸的借阅和复制等浅层信息服务，缺乏对文献信息的深加工服务。

信息化时代，随着信息文化环境的形成，高校图书馆必须改变传统的服务模式，以读者的需求为核心，深化服务范围、拓展服务层次，设法满足广大读者的信息需要。如网络个性化服务，利用网络信息技术，按照读者需求和喜好方式自动定制、搜寻、加工、推送信息，满足各类读者的信息需求，极大提高了信息服务效率，展现了信息时代图书馆的服务优势。

（四）大力开展自助和互动式服务

信息时代，高校图书馆应以少而精的队伍通过大力开展读者自助和互动式服务来满足读者的需求。图书馆可以通过读者培训、信息检索、信息传递、信息推送、微博互动等方式来开展互助式服务。通过对读者开展信息素养、图书馆利用、文献信息知识、信息意识、信息技能以及信息政策法规等方面的相关教育使其掌握信息的系列知识，能够为自我提供服务，同时也能够为其他读者提供服务。

（五）创新信息行为，做好信息服务营销

信息行为是指与信息有关的人在社会生活、学习和工作中为满足信息需求的目的而生产、获取、加工、传递和使用信息等一系列活动的总和。在信息文化大发展的背景下，高校图书馆从自身的结构、组织、管理到外部的环境等都发生了巨大的变化，为了实现读者第一、服务育人的宗旨和理念，提升管理水平和服务效率，高校图书馆必须抓住机遇，

克服观念障碍,通过体制改革,创新信息行为。

高校图书馆的信息服务营销,指的是高校图书馆对其信息资源与服务进行分析、调研、计划、组织、促销、分销,实现与信息用户的价值交换,满足信息用户信息需要的一系列过程。高校图书馆的信息服务营销强调以信息用户为中心、读者第一、服务至上的工作理念。图书馆信息营销和服务是高校图书馆工作的双重使命和核心业务。高校图书馆信息营销和服务可以在以下几个方面去努力和实践:借助现代媒介树立图书馆良好形象;培养读者对图书馆的信赖和依靠;善于挖掘读者的潜在需求;开展深层次的信息增值服务;加强网络资源的整合和特色数据库建设;拓展服务领域,践行社会职能;加强人才培养,打造精英服务团队。

第四章　现代图书馆读者服务研究

读者服务是图书馆的第一线工作，直接面对大众。读者服务工作的好坏，直接关系着广大读者利用图书馆的程度。因此可以说，读者服务工作是图书馆联系读者的桥梁。

第一节　现代图书馆文献流通服务

文献流通服务质量的高低不仅关系到馆藏文献资源的开发和利用，而且直接关系到图书馆在读者心目中的形象。馆员要利用自己热情、耐心、细致的服务，为读者服务做到“书有其人、人有其书、为人找书、为书找人”，节省读者时间。同时，做好导读工作，了解读者的阅读倾向，及时向读者推荐他们喜闻乐见的图书。这样就增进了流通部工作人员与读者的相互沟通和了解，从而使流通部工作人员与读者之间建立起一座相互理解、相互信任、相互谅解的桥梁，真正做到让读者“高兴而来，满意而归”。

一、图书馆的外借阅览服务

外借和阅览是图书馆服务中最基本、最传统的服务。有人认为，现代图书馆的服务重点是信息咨询和对信息的深层次开发，外借和阅览不是图书馆的主要服务项目，但实际上，社会上的大多数公众正是通过这种方式利用图书馆的，图书馆也正是通过这种方式对公众的信息需求提供支持的。在传统图书馆中，一本新书从进馆到上架，要经过查重、分类、编目、上架等多道工序，耽误了大量时间，新书与读者见面已经是好几个月之后的事了，大大降低了知识信息的时效性。而在现代图书馆中，采编合一，有关图书的到馆、查重、分类、编目等各种信息可以通过馆内的管理信息系统快速传递和查询，让新书快速上架，与读者见面，能够节省大量时间。

现代图书馆必须通过利用各种技术手段、现代管理制度，向读者开放全部馆藏，实行全开架管理。图书馆中的书是为了用的，而不是为了藏的，这一观点早在阮冈纳赞的“图书馆学五原则”中就已提出。可是，还是有很多图书馆，为了保存及工作方便，对读者利用图书馆进行了种种限制。

印度图书馆学家阮冈纳赞发表了著名的《图书馆学五原则》，这五项原则从表面上看很通俗，但实际上很深刻，它从根本上阐明了图书馆应该为之努力的目标。图书馆学五原则分别是：书是为了用的、每个读者有其书、每本书有其读者、节省读者的时间、图书馆是一个生长着的有机体。这五原则直到现在对图书馆的工作仍有着广泛的指导意义。

外借服务是图书馆传统的、常用的服务方式，它满足读者将书借出馆外自由阅读，独自使用的需要。

（一）外借服务类型

一是个人外借。二是集体外借，为群体读者服务。三是馆际互借，是为了满足读者阅读需要，帮助读者从其他图书馆借阅文献的一种方法。四是预约借书，对某些一时供不应求的图书，采取预约登记办法外借。五是邮寄借书，通过邮政通信手段，将读者所需文献邮寄给读者。六是馆外流通借书，通过馆外流通站、流动服务书车等手段为读者开展借阅活动。这些办法，各有所长，可根据具体情况，选择使用。

（二）外借服务方式

一是闭架外借。读者先写索书条，通过工作人员提取，并办理外借手续，读者不能进入书库随意挑选。二是开架外借，读者进入书库，自行挑选，办理手续后，即可将书携出馆外，自由阅读。三是半开架外借，将部分图书放置在特定的位置，读者可以看到书的封面，供读者指认、选择。

（三）外借服务管理

一是外借处的设置。对于馆藏文献数量、类型不多，读者也不很多的图书馆，可以仅设立综合外借处。但是，如果是大型图书馆，既可以设立综合外借处，也可以分别设立专门的外借处。二是建立一套完善的外借服务工作制度。规定有关读者登记、外借证的发放原则和方法，制定外借手续和步骤、外借书刊期限，污损、丢失书刊赔偿办法等有关规章制度。三是借书证的办理，包括个人借书证、集体借书证、馆际互借证。其中馆际互借是一个地区或几个地区、一个系统或几个系统开展的馆与馆之间互通有无的图书互借方式，这种办法既方便了读者，又充分发挥了馆藏的作用。

（四）阅览服务方式

1. 闭架阅览方式：读者所需文献由工作人员代取，不能携带出室外；

2. 开架阅览方式：读者自由挑选图书；

3. 半开架阅览方式：图书馆利用陈列展览方式，将部分流通量大或比较珍贵的文献放置在特制的可视书架上，读者指出所需图书，由工作人员提取。这种方式既方便读者，也有利于对书刊资料的管理。

二、视听服务

视听服务是图书馆利用视听文献和相关技术为读者提供文献流通服务的方式。视听文献，系指以磁性、光学材料为存储介质，通过专用设备视听其内容的像带、激光视盘、电影和幻灯片等。无论是国内还是国外，许多图书馆都把视听文献列为收藏对象，并开展各种形式的视听服务活动。视听文献主要有唱片、幻灯片、录音带、录像带、影碟、磁盘、激光视盘、激光唱盘及缩微胶卷等。它容量大、成本低、占地小，便于存储，易于检索，集文、声、图、像于一体，形象生动，受到读者喜爱。

三、复制服务

复制服务是以复制文献为手段，为读者提供服务的一种新的技术性服务方法。它是传统的“外借服务”“阅览服务”的延伸和发展，也是图书馆为读者获取文献所提供的一条新的服务途径。

复制服务包括缩微复制法、静电复印法、电脑复制法（电脑拷贝法）。通过复制服务，读者花少许经费，就可将有些文献“据为己有”，大大方便了读者，节省了时间，是一种有效的服务手段。随着现代科学技术的发展，复制方法愈来愈多。

四、现代图书馆文献信息服务的自动化

现代图书馆信息技术应用的最终目的是为读者服务，主要体现在“服务”上。因此，当图书馆基础业务的自动化实现之后，要及时地尽快转入面向读者的文献信息服务的自动化。

文献信息服务自动化工作主要体现在以下五个方面：

（一）建立联机公共查询目录

OPAC 原意是指“开放的公共查询目录”，全称是 Open Public Access Catalogue，随着技术的发展而演变为“联机公共查询目录”。

根据图书的特性，在网上查找书目也有着不同的方式。其中最普及的查找方式有：书名检索、作者检索、ISBN 检索、年份检索、出版社检索。还有一些不常用，但十分重要的检索方法，如分类法检索、导出词检索、丛书检索、套书检索等，都可以在 OPAC 数据库里进行检索。

OPAC 的正确使用：如果读者在查找单书的同时能够给出相对多的检索项目，那么出现的检索项就少，找到所需书的概率也就更大。如果读者要查找一大类的书，比如有读者想了解中国的历史。这就只要在 OPAC 的自由查找栏中键入“中国”和“历史”，这样所需的书目才能以最小的范围量出现。如果读者只在一栏中键入“中国历史”，那么有关“中国”和“历史”项目都会出现，比如，中国经济、中国文化、美国历史等和读者期待不相关的内容也会出现。还有一种简便的检索方法：分类法检索。读者可以通过所在图书馆的分类法直接找到“中国历史”这一项，再用相应的图书馆书籍编号去查阅具体的书籍。

（二）开展联合目录数据库服务

联合目录通常由若干文献收藏单位合作编制。事先须制定统一的著录项目和标准，明确收录范围。一般以一个或若干个收藏丰富的图书馆馆藏为基础，负责提供目录草稿，

其他有关图书馆对此进行核对和补充，注明收藏单位，最后由编辑部汇总。采用计算机技术编制联合目录较为方便迅速，若干个图书馆共同建立联机联合目录数据库，除供联机检索外还可生产书本式和机读式的联合目录。

联合目录所涉及图书馆的范围有多大，资源共享的范围就有多大。

（三）馆际互借

对于本馆没有的文献，在本馆读者需要时，根据馆际互借制度、协议、办法和收费标准，向外馆借入；反之，在外馆向本馆提出馆际互借请求时，亦应借出本馆所拥有的文献，以满足外馆的文献需求。

馆际互借是各图书馆之间本着互助互惠原则，互通有无，互借对方文献，共同利用，彼此分享，以提高读者从整个图书馆系统获取文献的能力，同时也使各图书馆藏书得以充分利用，提高图书馆的效益。馆际互借是国外图书馆资源共享的主要方式。

（四）开展信息查询服务和开展参考咨询工作

其中包括设立多媒体导读系统，开展读者流通信息查询和公众信息查询等。图书馆参考咨询服务工作被国内外专家称为图书馆的“灵魂”与“心脏”，说明参考咨询服务在图书馆中的重要地位和作用。图书馆的参考咨询工作集中体现了现代图书馆的职能和特色，也是图书馆更新发展的关键因素。面向读者开展多种形式的参考咨询服务是图书馆文献信息服务的重要方式，如新书通报、定题情报服务、专题信息的回溯检索等。

第二节　现代图书馆的参考咨询服务

一、MOOC环境下高校图书馆参考咨询服务

MOOC 是 Massive Open Online Course 的英文缩写，是指“大规模在线开放课程”，是一种在线学习的新模式，其特点主要有：参与课程的人数没有限制，动辄十几万人；只要连接互联网，任何人都可以免费学习在线课程；采用模块化的课程设置，教学内容以微视频（一般在 10 分钟左右）的方式展示，学习者有更多的学习自主性和灵活性，适合碎片化学习；实现了教学活动的全程参与，基本上形成了注册、听课、课堂测试、完成作业、讨论、考试、结业、发放证书的学习流程。MOOC 自 2012 年在美国顶级名校掀起浪潮，随后席卷全球，成为网络时代人们获取信息和学习知识的一个新途径，也是优质教育资源共享的一种新方式。高校图书馆的主要职责之一就是为教师的教学和学生的学习提供更便捷的信息和技术服务，理应积极参与到对 MOOC 的支持服务中，MOOC 环境下如何做好高校图书馆的参考咨询服务应该引起关注与思考。

（一）MOOC环境下高校图书馆参考咨询服务的特点

1. 服务广度——泛在性

MOOC 环境下，用户通过在线观看教学视频、查阅资料的方式进行自主学习，他们希望在任何时间和地点都可以用便携式设备获取所需要的信息资源。这就要求图书馆树立“有需求就有服务”的理念，增强参考咨询服务的主动性，将其融入用户活动中，提供更加便捷化的服务，使用户能够随时随地利用图书馆的服务。

2. 服务方式——多元化

MOOC 环境下，用户通过网络远程访问图书馆的频率增加，对可以实时获得帮助的自助式咨询服务需求更为迫切。伴随着智能手机、平板电脑等新兴电子产品的普及和用户对一些新媒体的喜好，微博咨询、微信咨询、QQ 咨询、移动参考咨询等也应运而生。开展基于 MOOC 平台的视频咨询也会受到用户的欢迎，因为视频演示会更加直观，便于理解。MOOC 环境下，用户地理上的分散性和人数规模使合作参考咨询成为必要。为了让用户更加便利和高效地获取到服务，可成立参考咨询团队或由多个图书馆构建参考咨询联盟，协同为用户提供服务，这样不仅能够满足用户全方位、多学科的信息需求，同时还能够延长服务时间。

3. 服务层次——学科化

高校图书馆参考咨询服务的目标是为教学科研、学科建设服务，既要满足广大师生的一般需求，又要满足一些个性化的深层次需求。学科服务是深化参考咨询服务的一项重要举措，而 MOOC 则为参考咨询服务嵌入课堂、深入学科提供了新的平台。MOOC 环境下，用户需要的可能不仅仅是文献线索，而是能够直接解答用户问题的知识单元或方案。

4. 服务内容——新内涵

MOOC 环境下，参考咨询工作又增添了新内容，参考咨询馆员要熟悉 MOOC 及其相关内容并开展有意义的参考咨询活动。MOOC 是一个面向全世界用户的开放平台。国家科学图书馆馆长张晓林曾说：“面对开放获取，研究型图书馆应当主动介入、积极引导、创造未来，积极探索开放信息资源的新服务新能力”。一方面，图书馆可以利用其在资源使用方面的优势为教师在 MOOC 平台的教学提供素材，也可以提供资源合理使用和知识产权保护方面的意见和建议；另一方面，可以利用其资源组织与推广方面的优势，让更多的用户了解和使用优秀的 MOOC 课程。另外，MOOC 的运行需要一定的技术支撑，主要涉及设备使用指导、设备故障排除、软件使用问题解决等，比如有的图书馆为用户提供视频制作及剪辑方面的指导。参考咨询馆员需要不断加强学习，了解新技术、利用新技术，从用户的角度出发，评估技术、推介技术，为用户提供更好的技术支持服务。同时，新技术的使用对参考咨询服务创新也有很大的推动作用。

（二）MOOC环境下高校图书馆参考咨询服务策略

1. 嵌入 MOOC 课程服务师生

高校图书馆应积极参与学校 MOOC 课程的建设，可以以助教的身份跟踪课程，提供嵌入式服务，一方面可以为教师提供教学资料，同时帮助教师在利用 MOOC 平台进行教学时注意版权保护，合理使用资源，同时还可以提供 MOOC 教学相关的软件工具支持；另一方面可以在讨论区发出自己的声音，帮助学生获取相关学习资料，也可以通过对教学过程的互动来分析用户需求，有针对性地主动推送资源。图书馆还可以利用其在数字资源保存方面的经验，提供 MOOC 课程资源的长期保存及检索服务，并将其作为学习资源供广大师生重复使用。

2. 为用户使用 MOOC 提供帮助

MOOC 作为一种新型的开放网络学习资源，高校图书馆应该予以足够的重视，让更多的师生了解和利用 MOOC。图书馆可以定期收集整理不同平台上的国内外优秀 MOOC 课程，按学科分类，将开课时间、课程名称、开课学校、授课教师等信息推荐给用户，方便用户查询。一些高校图书馆已经开展了这方面的工作，如中国科学技术大学图书馆在“查找文献”栏目下设置了“查找网络公开课”，整理了国内外网络公开课平台列表。图书馆还可以参考一些 MOOC 导航平台的做法，比如爱课程网的“中国大学 MOOC”（http：//www.icourses.cn/imooc/）、果壳网的“MOOC 学院”（http：//mooc.guokr.com/）、网易云课堂（http：//study.163.com/）等，提供 MOOC 课程的索引、评价、推荐等功能。此外，有条件的图书馆可以考虑免费向用户提供学习终端设备的使用，方便用户学习 MOOC 课程。MOOC 时代下，虽然随时随地都可以学习，但图书馆无充足的服务空间。作为 MOOC 学习空间的提供者更容易营造学习氛围，并提供现场交流、讨论等“增值服务”以及与之相关的各种参考咨询服务。

3. 利用 MOOC 开展信息素养教育

MOOC 环境下，信息资源越来越多样化和复杂化，需要用户具备较高的信息素养水平。图书馆可以为用户提供信息获取、信息管理等方面的技能培训，既可以现场培训，也可以借助 MOOC 开展在线教学。由于 MOOC 的交互性、开放性、灵活性、互动性，其在信息素养课程教学中具有不可替代的优势。随着国内外大学开设 MOOC 热潮的到来，开设大学生信息素养系列 MOOC 不仅必要，而且已经是大势所趋。国内信息素养教育方面有代表性的 MOOC 有：武汉大学黄如花开设的《信息检索》、中国科学技术大学罗昭锋开设的《文献管理与信息分析》、清华大学林佳开设的《信息素养——学术研究的必修课（通识版）》等。MOOC 强调的是用若干个“微视频”分别展示课程内容中的知识点，单个课程视频时长短，便于分解难点和集中学生的注意力，也便于学生自由安排学习时间，提高了学习效果。MOOC 环境下，对于很多问题的解决用户更倾向于自己通过网络寻找答案，图书馆要建立和维护“常见问题答复”数据库，便于用户直接查询。图书馆可有针对性地将信息素养教育小视频嵌入到其他学科的 MOOC 课程，方便特定用户学习；也可开发与一些课程及学科相关的学科信息素养教育小视频，提高相关学习者的学科信息素养；还可以借助一些名校名师的 MOOC 课程开展信息素养教育，尝试翻转课堂教学，让教师能有更多的时间与学生讨论，引导学生积极思考、主动学习。

4. 提高参考咨询馆员的素质

参考咨询馆员不仅应有强烈的信息意识和较高的信息处理能力，还应具备较高的综合素质，善于与用户交流，熟悉图书馆馆资源情况，熟练掌握各种参考信息源，特别是网上参考信息源的使用方法，具备良好的网络技术和计算机操作能力。MOOC 的出现给参考咨询馆员提出了更多的要求，如为特定学科提供深层次、个性化的咨询服务。学科馆员具有一定的学科基础，是 MOOC 环境下实施参考咨询服务的主力军。图书馆应鼓励参考咨询馆员特别是学科馆员不断探索学习，提高对可用信息资源的整体把握能力。参考咨询馆员也可将 MOOC 作为继续教育的重要手段，选修相关 MOOC 课程，并在学习中融入课堂，了解服务对象的需求，这样工作起来会更加得心应手。

5. 优化参考信息源

参考信息源是从事参考咨询服务的基础和保障，卓有成效的参考咨询服务必须依赖高质量的信息源。MOOC 环境下的参考信息源突破了传统的“馆藏”概念，向包括网络信息资源在内的全球性数字化信息资源发展，并呈现多样化的态势，除了传统文献类型外，电子版、视听版、网络版文献等都成为解答咨询的重要信息源。参考咨询馆员要熟悉和掌握参考信息源的使用，同时要协助图书馆参考信息源的建设。高校图书馆要了解学校的学科建设动向，围绕学校的教学科研工作进行学科资源建设，注重提高馆藏资源质量，突出学校学科特色，同时加强馆际合作，促进馆际优势互补。图书馆应积极参与学校的自主 MOOC 平台开发，实现资源与平台的顺利衔接，倡导有偿资源的合理使用和开放获取资源的有效开发，做好资源保障和服务工作。值得一提的是，开放获取资源因其免费开放的特点更适合作为教学辅助资料放置于 MOOC 系统中。

6. 开展移动参考咨询服务

MOOC 环境下，用户对图书馆参考咨询服务的泛在化需求变得更加强烈，而移动互联网技术的发展也为此提供了更为广阔的适用环境和技术支持。2015 年 8 月 14 日发布的国内首份中国城市阅读指数研究报告显示，随着手机等阅读介质的兴起，阅读外延明显扩大，手机成为第一阅读途径。移动参考咨询服务是为满足用户通过使用手机、平板电脑等移动终端随时随地都能享受到图书馆参考咨询服务的需求而推出的一种新型参考咨询服务。有条件的图书馆可结合本馆的手机图书馆开展移动参考咨询服务，也可利用手机即时通信工具如微信、QQ、微博、飞信等进行咨询。

MOOC 是一种新兴的教育模式，仍在发展之中。高校图书馆作为一个为教学科研提供教学辅助和信息保障的机构，必须密切关注并主动参与，在 MOOC 环境下发挥自己的服务与教育职能，以提升图书馆的存在价值，延伸图书馆的服务范畴，其参考咨询服务工作也应审视新的变化和应对新的需求，帮助用户解决信息资源利用过程中的各种问题。

二、基于智库理念的图书馆参考咨询服务

从智库本身性质出发，其主要是通过对于政治、文化、经济等方面的内容研究，提供具有参考价值的咨询信息或决策依据，由各个学科领域的专业人士构成的，其中包括了高等院校、企业以及各级政府组织等。而图书馆是知识传播、整合文献资源以及拥有丰富的文献储备和大量参考咨询信息的数据库，同时也是可以利用科学专家资源为不同的用户提供多样化的服务的一种服务平台。随着数字技术应用领域的不断发展，人们对于信息资源的应用也不断地增大，所以对于图书馆的更应通过提升自身的服务模式，与多科专家合作，来不断拓展图书的服务领域。

（一）智库理念的性质与服务方式

首先智库简单点说就是指那些不以盈利为目的的且独立于政府之外的研究型结构，其主要的研究为公共政策，为政府决策提供有力的建议和依据。另外对于智库的理解可以从服务、知识认定以及机构性质等方面进行分析，总结起来可以看作信息多元化发展下，形成的可以提供信息咨询与决策的参考的主要功能。

另外对于智库的服务方式来说主要包括了资料的搜集整理、信息统计分析、定制推送服务等。资料的搜集整理顾名思义便是对于一些信息自己进行搜索、整理，并同时进行归类分析，然后获得有价值的历史资料。通过搜集各方面的资料，智库的研究者可以发现深层次的信息，并为开展专项研究提供参考。同时很多智库根据搜集的数据资料构建了具有特色的专题数据库，并确立了研究目标与范围，这也为其提供高端服务创造了条件。

信息统计分析，是通过对于信息来源的分析，包括了需要对获取信息资料进行统计分析。一般系统分析法和德尔菲法较为常用，主要是通过智库进行各种文献资料的手机，然后对这些资料进行内在联系与具体处理方法进行分析，着就是系统分析法。二德尔菲法是通过与多名专家进行沟通后了解其意见，然后再分析出符合市场发展趋势的结论。

定制推送服务，是为了更好的吸音客户，智库借助于各种信息技术进行检索、利用不同类型的信息付进行智能的筛选出来符合用户需求的一种服务方式。

（二）图书馆咨询服务在智库理念下的构建

随着信息化时代的发展，人们对于信息服务的需求越来越大，虽然图书馆拥有者大量的书刊、报纸等信息资料，但是仅可提供一次两次的服务，远远无法满足人们的需要，随着智库理念的进行，图书馆的转型发展得到了新的发展机遇，构建智库咨询的个性化服务是未来图书馆发展的方向。

1. 首先服务对象的构建

对于图书馆来说没有用户的支持是很难运行下去的，尤其是图书馆的智库系统。对于图书馆的构建对象首先是政府机构，目前政府正在推行决策研究与决策研究制定的外包系统，所以智库系统的图书馆对于政府机构来说可以搜索任何想要得到信息，既方便又实用，对于图书馆来说政府作为有影响力的机构成为自己的服务对象，很大程度上提升了自己的影响力。其次图书馆还可以为企业、公司以及社会的组织团体提供咨询服务，这部分用户对于信息获取的知识面较窄，所以可以利用图书馆丰富的资源信息以及人才优势为这些用户提供信息服务。总之对于图书馆服务对象来说涉及方方面面，为了更好地提供服务，更好地进行智库系统的运转，除了自身系统的完善，还需要更多用户的支持。

2. 信息资源的构建

为了更好运转图书馆智库系统除了需要服务对象的支持，更需要的是本身信息资源的丰富，除了目前已经公开发表的文献信息外，智库图书馆还应具备网络信息资源、灰色文献以及教育资源。其中教育资源和网络信息资源在图书馆信息库中需求量较大，对于企业和组织来说，网站上出现了具有自身特色的知识库以及产品库，里面包括了知识产品以及知识解决方案。对于高校来说教育资源可以搜索到课件资源、教案、题库等，具有很高的参考价值，所以对于图书馆开展智库型服务来说具有极高的利用价值。

3. 对于智库图书馆咨询服务的构建

为了更好地服务与用户，智库图书馆系统，应该针对人员不同开展不同的文献研究，吸收文献中的精华，尤其是对于高质量的文献，可以组织智库人员根据自己专业的特点进行相关报告的撰写，从而建立具有针对性的、应用性的、预测性的咨询服务。图书馆在保证服务质量的同时，对于如何更好进行人文关怀做好只是的推送，是客户再进行资料的查阅的同时，系统主动推送最新调研结果，可以更好地留住以便吸引客户。此外为了使智库与服务得以反复的利用，可以做好知识库的建立，尤其是对于一些高层论坛、讲座等信息的发布后做到信息的收集，同时进行研究成果的整理和储存，提高智库图书馆咨询服务的建设更完善，提升社会各界对于智库图书馆的认同。

三、新信息生态环境下的图书馆参考咨询服务

图书馆体系与所处社会环境体系相结合构成了图书馆生态系统。在这样一个生态系统内，图书馆作为一个成长的有机体，其自身结构和功能都在不断进行着自我扬弃和发展；图书馆所处环境的变化，特别是信息环境的变化，也极大地影响着图书馆的存在方式及其职能的体现。在这样的背景之下，图书馆参考咨询工作也面临着重要的发展抉择。如何在新的图书馆生态体系内，合理利用可资调动的文献、人力和财力资源，顺应新信息环境下图书馆信息服务的新变化，充分发挥参考咨询工作乃至图书馆整体服务效能，已成为一个必须正视并妥善解决的问题。

（一）图书馆信息生态环境的变化

信息生态是信息—人—环境之间关系的总和。新生态图书馆信息环境的发展和变化情况，在这些要素及其关系的变化中得到了充分的体现。

1. 文献信息资源数字化程度提升显著

美国图书馆学家 I.G.Mudge 曾将参考咨询工作的基本要素归结为资源（Material）、精神（Mind）和方法（Method）。这一精辟归纳明确指出了文献信息资源在图书馆参考咨询业务中的重要地位。文献信息资源的配置情况、存在方式和揭示程度在很大程度上决定了咨询结果的准确性和完整性。

对图书馆而言，文献信息资源的质和量在近几十年的时间里都发生了根本性的变化。1971 年 7 月《美国独立宣言》数字化版本制作完成标志着电子书作为一种全新文献载体形式的出现，以“古腾堡计划”为代表，拉开了图书数字化进程的帷幕，公共领域的纸本书转变为数字形式的电子书，内容形式也不再局限于文本，还包括音频和视频等多媒体形式。此后，出版商、数据商和图书馆都先后加入文献信息数字化的潮流当中，并不同程度地推动着这一进程的发展。

尽管数字化文献存在着技术标准不统一、资源垄断性相对较强、缺乏可靠的长期保存方法及虚拟馆藏资源保障稳定性较差等诸多问题，但是已经有越来越多的图书馆倾向于把文献资源建设重点向电子资源倾斜，在缓解自身文献储存和维护等方面压力的同时，为用户提供更为多样和便捷的文献服务形式。

文献资源的数字化极大地改善了信息传播的便捷程度，降低了单位数量文献保存和使用的成本，也延长了相应文献在服务过程中的生命周期，这些变化对于用户能够更为便捷地发现和利用文献信息资源提供了极大便利。但是基于同样的原因，用户在文献信息资源检索过程中，所需信息与大量的冗余信息相互掺杂，信息过载现象又成为人们在当今的信息生态环境中最大的困扰。

2. 媒体与信息素养变化明显

信息素养是一种懂得如何查找、评价和使用信息，有效地解决特定的问题或做出决定的能力。随着社会信息化程度的加深，信息环境的变化迫使人们越来越频繁地应对各种信息处理问题，信息素养也因此成为在现代信息社会中生存和发展的基本要求和能力。这也是社会公众以及为社会公众提供信息咨询服务的参考咨询馆员所共同面对的问题。

早在 2003 年 1 月，美国图书馆协会下属的参考与用户服务协会（RUSA）就颁布了《参考咨询及用户服务馆员的专业能力》报告，报告对参考咨询及用户服务馆员的专业能力分别从信息获取能力、知识储备能力、推广营销能力、服务协作能力以及资源与服务的评估能力等五个维度进行论述，每个维度又细分若干具体细则。这份报告作为对图书馆参考咨询馆员专业素养的培养与评估具有重要参考价值的纲领性文件，其对参考咨询及用户服务馆员专业能力的有关信息素养方面的要求成为最为突出的内容。

随着社会信息化程度的加深，人们逐渐认识到，就迅速准确地获取有用信息而言，掌握传递信息的渠道、工具、载体及技术手段的其重要性并不亚于所需信息本身。2014 年 3 月，联合国教科文组织发布了《媒体与信息素养：策略与战略指南》报告，首次将媒体素养与信息素养置于同等地位，并提出了媒体与信息素养这样一个全新的复合概念。这份报告的颁布，不仅充分表达了联合国从国家与地区层面上推进社会公众全球媒体与信息素养发展的战略意图，报告本身也代表了人们对当今社会信息环境变迁认知和研究的最新成果和共识。

3. 面向社会公众的信息服务环境逐渐多元化

伴随着数字化发展进程，以互联网为代表的新的技术手段和工具的应用，极大地改变了图书馆的用户构成和服务方式，使公共信息服务环境发生了深刻的变化。

首先，信息服务去中介化趋势明显。基于历史的原因，图书馆成为汇集、保存并传承人类智慧的重要机构，但是随着文献信息载体冲破实体介质的束缚，更多地以数字化方式存在并服务于公众时，有越来越多的机构凭借其数字化文献收藏而成为文献信息服务机构的新成员。文献信息服务机构多元化的趋势所造成的一个直接后果就是文献信息服务的去中介化愈发明显，越来越多的出版机构和数据库商不满足于通过图书馆这样的中间机构向终端用户推广其服务和产品，而转为直接面向最终用户开放服务。多元化的信息服务机构与服务形式固然为用户提供了更多的文献信息获取渠道，但由于其在信息服务过程中去中介化作用明显，对用户借助专业途径深入挖掘文献内容以及图书馆充分发挥其文献信息服务职能都在一定程度上构成了挑战。

其次，用户体验得到空前重视。随着 Web2.0 这一概念迅速在全球传播，为用户提供个性化、交互式服务成为备受推崇的新的软件功能设计要求，在此背景之下，BBS、博客、Wiki、微信等多种交互式服务平台环境得到迅速普及，与此同时，如何在 Web2.0 环境下建构用户关系的新模式也成为一个重要的话题。

以人们通常的阅读行为为例，随着电子书的日益普及，硬件商和出版商已经开始利用数据分析方法，确定人们利用电子书在阅读什么内容以及如何进行阅读，通过分享分析数据，出版商可以做出更有吸引力的电子书，硬件商则可着手调整电子书的展现形式，从而为用户带来更好的阅读体验。由此可见，在新信息生态环境之下，软件设计理念的变化以及技术手段的丰富，使信息服务机构在服务过程中，通过动态把握和分析用户信息行为特征，从而采取更为主动和有效的方法，适时调整和完善用户体验不仅成为现实的可能，也成为服务得以稳定开展的必要条件。

再则，信息服务进入全媒体时代。媒体是承载和传递信息的载体。数字化新媒体反映出信息载体的发展和丰富，富媒体作为一种信息传播方法极大地丰富了信息内容的表现形式，自媒体在信息传播过程中带来了革命性的变化，快媒体使信息传播的时效性得到质的提升，跨媒体体现了媒体之间的合作、共生、互动与协调。全媒体则成为人类现在掌握的信息流手段的最大化的集成者，这也是信息环境变迁的一项显著特征。

全媒体时代对图书馆信息服务带来了巨大的改变，有学者将其归纳为文献典藏更多元，图书馆服务更多样，文献获取更方便，读者学习更便利，服务管理更高效，服务链更广泛，服务布局更均等等具体特征。这些特点表明，在新信息生态环境下，尽管单一传统媒体的表现形式依然重要并且保有强大的生命力，但其已很难独立地发挥作用，而是在全媒体传播体系中充当了重要的组成部分。对单一传统媒体的整合运用已经成为信息服务的重要方式和手段，信息服务已经进入了多元化时代。

（二）新信息生态环境下图书馆服务变化发展趋势

技术的发展以及由此产生的信息环境的变化，为图书馆信息服务的延续和进一步发展提供了充分的拓展空间和更高层次的平台，但对于图书馆而言，这种变化首先带来的是对自身既有服务模式的巨大冲击，促使图书馆界在信息服务领域发生了重大变化，这些变化趋势主要体现在以下几个方面。

1. 图书馆信息服务将突破原有内涵和外延的界定，呈现出以信息服务为核心，以与信息服务相关联的图书馆其他业务为辅助的综合性服务特征

早在 2011 年 6 月，大英图书馆与 BiblioLabs 公司合作在 iPad 平台上推出“大英图书馆 19 世纪历史典籍”App 应用程序，世界各地读者只需每月支付 2.99 美元即可阅读到大量从内容到形式都近乎以原始形式展现的历史古籍，该项服务推出后，资源内容和服务规模扩展迅速，并于翌年获得了卓越出版创新奖。

该项目的出现和成功表明，以自媒体及其应用为代表，传统意义上的文献生产、出版和发行等环节，已经从由不同角色分工协作完成而转向三位一体，信息生产者与服务者职责边界的交融，使图书馆信息中介功能受到越来越多的不同类型机构的冲击，原属于图书馆传统服务范畴的服务职能势必在一定程度上被替代，图书馆在社会信息服务体系中的中介功能需要更为丰富的内涵。图书馆需要与上游信息生产者和其他信息传播链条中的角色相结合，这不仅可以提高图书馆应对生存压力挑战的能力，更有助于图书馆在不断变迁的信息环境中寻找新的服务定位。

2. 特色优质文献资源建设仍为图书馆基础业务建设的重心

面对各类信息服务机构并存的现状，单一类型服务机构一统天下已无可能，图书馆跻身各类信息服务机构并能有所发展的一个重要前提就是自身拥有不可取代的特色资源和服务。根据图书馆自身优长和需求，设定重点专题领域进行信息资源内容的深度挖掘和建设是确保图书馆资源与服务特色的根本。

近年来，世界各国图书馆先后颁布阶段性发展规划，如《美国国会图书馆 2016—2020 战略规划》《美国公共数字图书馆 2015—2017 年战略规划》《英国国家图书馆馆藏元数据 2015—2018 年发展战略》《澳大利亚国家图书馆 2015-2019 合作计划》等文件，均从不同侧面对本图书馆馆藏资源阶段性建设内容提出了明确的目标，以期通过这种方

式实现差异化发展、培育自身优势和彰显价值所在。

3. 图书馆信息服务伴随着我国社会发展需求，将由传统的图情双轨向图情一体化转变

在国家标准《学科分类与代码（GB/T 13745-2009）》中，图书馆学与情报学是属于同一学科分类下的两个并列的二级学科，在传统的高等教育体系中，两者分属不同专业方向，有着各自的课程体系，在社会分工中，图书馆和情报所也分属不同行政系统，呈现出双轨并行的状态。尽管如此，图书馆学和情报学间有着密切的关联，两者之间在信息检索、信息服务和信息基础理论等方面有着很多交叉，而这些恰好是图书馆参考咨询工作的重要组成部分。

传统图书馆的信息服务，其服务形态大多为图书借还这类基于文献物理载体的介质转移服务，随着社会信息化程度的提高，图书馆信息服务已经从文献提供逐步向内容服务转移，信息服务内容的特定性与专指性已经成为以参考咨询服务为代表的图书馆信息服务的典型特征。图书馆信息服务中介功能的体现，越来越多地反映在将广泛分布在各类文献中的隐性知识加以显性化的服务过程当中。数据管理支持、统计与分析咨询等也开始成为图书馆的常规服务内容。在这样的业务工作环节中，情报学的方法论和工具在图书馆信息服务中的应用变得越来越普遍，图书馆信息服务也逐步向知识服务方向发展，综合一体化趋势日渐明显。

4. 立法与决策服务在今后一个时期内成为图书馆开展参考咨询服务的牵引力和重要内容

我国公共文化事业的发展，促进了传承文明、服务社会的价值取向在越来越多的图书馆得以体现。与之相对应，随着国家立法与决策科学性和民主化的日益提升，作为服务社会的最高形式——面向国家机关的决策咨询服务的探索与实践，近年来在图书馆业界得到了越来越广泛的重视和开展，立法与决策机构对信息服务的需求持续增强，图书馆立法与决策服务规模和服务水平也有着长足的进步，政府主管机构对图书馆开展该项服务也提出了明确要求和具体考核办法，这势必在今后一个时期内，为图书馆参考咨询业务的发展提供新的牵引力和契机。

5. 图书馆信息服务的发展将会更多地呈现出跨越式或者跳跃式发展的趋势

由于历史和自然条件等方面原因，我国图书馆事业发展不平衡，地区性差异巨大，为促进我国文化事业的建设和发展，自 20 世纪初开始，我国在加大文化投入、积极推进图书馆硬件建设的同时，还先后启动了全国文化信息资源共享工程、电子阅览室工程和数图推广工程等一系列数字文化工程，利用先进的信息技术服务手段，跨越数字鸿沟，努力减少因经济发展不平衡而导致的对公民文化生活的影响。这些数字文化工程项目的实施，有助于帮助经济欠发达地区建立起公共文化服务体系，迅速在网络建设、系统建设、资源建设、人才队伍建设、服务建设和技术标准建设等方面达到一个相对较高的水准，并利用后发优势，结合地区特色，打造图书馆特色服务和产品，实现信息服务发展的跨越式

或者跳跃式发展。

6. 图书馆营销将成为深化和发展图书馆信息服务的最有效途径

作为公益性机构，图书馆营销主要是通过公关宣传手段，吸引更多社会公众了解并使用图书馆的资源和服务，同时努力争取募集资金和文献资源以充实自身的馆藏和服务能力。作为公共文化服务机构，图书馆在公共领域的知名度和被认可的程度，在很大程度上决定着图书馆存在的合理性和必要性。早在1876年美国伍斯特公共图书馆馆长塞缪尔·格林提出图书馆开展参考工作的理由时，就已经提出应在社区中推广图书馆这样的带有图书馆营销理念的观点，这也从另一个侧面印证了公知度对信息服务的重要意义。特别是在当前社会信息传播高度发达的情况下，如何能够顺应时代发展而不被淘汰，图书馆必须随社会变化而动态把握用户需求变化，调整和完善自身定位，争取更好的资源条件保证自身运转、扩大服务规模并确立良好的社会形象，这其中每一个环节都需要图书馆借助营销的理念和方法来提升效能。

（三）新信息生态环境下参考咨询工作的应对策略

与信息生态环境变化相伴，新技术、新媒体和新方法不断涌现，丰富了图书馆开展参考咨询业务的工作方法、服务工具和技术手段，同时社会公众在获取信息服务和利用文献信息时也拥有了更多的自主性和选择空间。对于图书馆而言，在新的信息生态环境下，如何重新认识和把握参考咨询业务的属性和特征，主动适应用户需求的变化，调整和完善服务策略，以应对信息环境变迁所带来的挑战，是一个必须面对和解决的问题。

从图书馆参考咨询服务产生和发展历程中可以看到，这项服务的一个基本属性就是图书馆为用户提供的个人帮助，参考咨询业务也大多基于这样的认识进行服务设计。图书馆参考咨询服务经历了140余年的发展，业务信息生态环境已经发生了深刻的转变。在参考咨询业务表现形式上，虽然很多服务依然是以图书馆为用户提供个人帮助的形态呈现，但是其业务基础和用户关系都已发生了质的转变。

在业务基础方面，传统参考咨询工作的业务基础主要来自两个方面，即图书馆员对用户及其需求的把握，以及图书馆员对于参考信息源及其检索方法的了解和掌握，这也是长久以来将参考咨询服务定位于图书馆员与用户之间建立的“个人关系”的原因所在。信息技术的快速发展和广泛应用，为图书馆参考咨询业务更好地在新的信息环境下长足发展提供了有力支撑。数据库技术、数字图书馆技术、网络与无线通信技术、大数据采集及分析、人工智能和云服务等技术的应用和普及，不仅使参考咨询服务获得了强有力的业务基础条件支撑，也改变着这项工作的业务组织形态和服务策略。参考咨询业务已经告别了以参考咨询馆员个人业务能力为依托的时代，而将工作重点转向数据挖掘、关联分析和个性化服务等方面，通过强化对参考咨询馆员的业务支持，实现整体业务能力的拓展和提升。

在与用户关系方面，传统参考咨询中参考咨询馆员充分发挥自身业务技能，充当了用户与文献间的中介角色，无论是对于参考咨询馆员还是用户，咨询项目大都属于偶发的零散服务，项目之间缺乏有机连接。随着社会信息化程度的提高，在泛在的信息环境内，人们很自然地会产生对泛在的信息服务的要求，也即用户在有信息需求时可以在自己所处的地方接收信息资源和服务。从参考咨询服务设计角度来看，这就要求图书馆必须建立起新型的用户关系，将自己的服务嵌入用户信息活动的全过程，而不再只是针对用户信息需求的部分阶段提供服务，依据这样服务情形建立起的参考咨询馆员同用户的关系也将不再是中介关系，而是合作与协同关系。

基于上述分析和判断，面对新的信息生态环境，图书馆需要特别关注以下几个方面的问题，以完善参考咨询服务策略，建立起更具效能的服务。

1. 注重资源的整合与揭示

对于图书馆而言，资源整合与揭示并不是一个新课题，但是在信息生态环境下，图书馆资源整合与揭示的着眼点应从文献的最小物理单元转向文献内容本身，也即细化文献揭示的颗粒度，注重文献间关联关系的揭示，致力于将隐形信息显性化，从而为用户提供更具针对性的内容服务。

2. 丰富信息服务的内容与层次

用户的信息需求是全方位、多层次的，无论是最简单的文献提供服务，还是基于复杂计算的内容分析，服务的价值和意义并不因用户需求知识含量的不同而有差异。因此，新的信息生态环境下图书馆的参考咨询服务，应是在巩固既有服务的基础上，努力拓展信息服务的深度和广度，丰富所能提供服务的内容与层次，建立起相对完整的信息服务链和产品链，在满足用户不同层次的信息服务需求的同时，有助于启发和引导读者更为全面地利用图书馆的资源和服务。

3. 强化用户信息行为的数据收集和分析

以用户为核心的服务理念早已为图书馆界所普遍接受，但是如何将这一理念在服务中加以体现，在不同图书馆间却存在着巨大的差异。落实用户核心服务理念，使用户获得最好的服务体验，需要图书馆有能力精准定位不同类型用户群体与图书馆各项服务之间的关联，并结合图书馆环境和条件，制定相应服务策略，有针对性提供服务。在这个过程中，收集用户信息行为数据并加以分析是最为基础的工作环节，通过这项工作，可以准确和动态地把握用户需求及其变化，在最大程度上减少图书馆服务设计的主观性和盲目性。

4. 积极促进服务协作

开展服务协作，可以帮助图书馆在人力资源、馆藏资源和读者服务等领域，最大程度上发挥优势资源的潜能，克服本馆的局限性，分享服务经验、拓展服务能力、提升服务水平，实现资源配置效益的最大化。

5. 完善图书馆评估体系

绩效评估与成效评估是评估工作的两种类型。前者关注图书馆投入、产出与效率的评估，后者则是关注对图书馆服务影响与效果的评估。两者都是图书馆服务质量评价不可缺少的重要组成部分，也都分别建立起了较为完善的理论体系与规范化的测评程序或技术标准。历史上，图书馆评估多侧重于绩效评估，但是绩效评估并不能帮助图书馆准确把握图书馆将自身服务诉求施加于服务对象后的用户感受，而成效评估则采取通过客观指标量化用户服务体验主观感受方式，准确判断图书馆的服务效果。对用户及其信息需求的满足是图书馆信息服务的出发点与归宿，将绩效评估与成效评估相结合，构成相对完善的图书馆服务评估指标体系，对提升用户体验，改进图书馆服务建设都具有重要的现实意义。

第三节　知识服务理论及服务内容创新

一、知识服务的内涵

知识经济社会的迅速发展、社会和用户对知识的迫切需求，都促使图书馆在知识的组织与管理、资源的提供与服务形式与方法等方面进行改革。图书馆传统的信息服务工作受到了严峻的挑战。知识服务的价值在于为用户提供服务的知识含量，用户利用图书馆最关注的是能否从繁杂的知识信息资源中捕获到能解决所面临问题的知识信息。

二、知识服务的宗旨

图书馆知识服务工作应以“用户问题的解决”为服务宗旨，但是网络用户千差万别，要满足每个人的知识需求是不可能的。可以采取服务宗旨分层模式。可将目标分为四层：一是为解决问题提供线索；二是为解决问题提供文献保障；三是为解决问题提供可供选择的程序化知识或过程；四是为解决问题提供方案。根据用户问题的解决程度，判断知识服务的效果，亦可分为四层：没有解决，部分解决，接近解决，完全解决。

三、服务内容的创新

（一）开展网上信息服务

面对网上浩瀚的信息资源，读者要想获取所需的信息并非易事。因此，图书馆要充分发挥文献信息服务中心的作用，对网上的信息资源进行收集、整理、研究、加工，不断拓展和深化图书馆信息服务的功能，努力为读者提供网上信息服务。

（二）开展网络信息导航

随着信息时代的发展，信息环境的变化，读者对于信息的获取更加方便快捷，人们甚至足不出户，只用登录信息图书馆的网站，便可查找到自己想要的信息内容。显然，图书馆这种信息导航的功能在网络时代得到了强化。信息导航作为图书馆的传统优势，也在信息时代继续发挥着自己强大的作用。

图书馆可以在自己的网页上建立网络导航系统，把读者常用的数据库地址或相关的资源预先汇集起来，并对网上有用的信息资源进行分类、加工，引导读者正确上网检索。读者在图书馆网络导航系统的指引下，能够快速找到所需的关于某一专题的网址或数据的集合等信息，也可以从一个网站直接漫游到导航链接的互联网的各个角落。

（三）开展网络教育

图书馆工作者要善于利用网络的优势，积极开展对网络用户的培训与教育工作。通过网络，图书馆可以为用户讲授网络的基础知识，介绍网上信息的鉴别和收集、网络导航器及其搜索引擎的使用方法，并指导用户如何查寻联机目录、如何检索免费的数据库、如何使用电子邮件等。

第四节　读者服务工作对图书馆员的要求

一、要不断增加服务内容

（一）不断提高图书馆网上服务

图书馆主页服务是指图书馆利用网络环境作为技术条件，将自己的信息产品通过在互联网上建立自己的主页，把自己的服务快速地传递给广大用户的一种服务方式。主页要简洁大方，主页上除了介绍本馆简况、服务项目、馆藏书刊目录、光盘资源、网上资源等基本信息外，还要提供各种资源的使用方法以及网络导航等服务，将国内外上网图书馆和热门站点与网页链接起来，并针对本单位的重点专业系统地建立学科导航，帮助用户方便地利用网上丰富的资源。现代通信技术尤其是网络通信技术的应用，使信息传递更加方便快捷。用电子邮件开展远程服务，用户可将信息需求通过电子邮件传给图书馆，图书馆再将找到的信息通过网络反馈给用户。

（二）不断提高网络信息资源检索服务

图书馆要做好网络信息的筛选、组织、整理等工作，尤其要做好网络数据库的导航工作，指导和方便用户利用网络查询文献信息。图书馆专业人员应利用自己的专业特长，在网上搜集与本单位学科专业相近或相关的信息，并按分科分类加以整理，建立指引库，以方便用户查找所需信息，并为用户提供文献检索服务，包括网上定题跟踪、课题查新、专项咨询等服务工作。

（三）加强读者教育工作

在网络环境下，信息用户倾向于自我服务，即用户自己直接上网查找自己想要的信息，而网络信息资源最大的特点是无限、无序，质量参差不齐。在大多数情况下，并不是每一位用户都能知道如何使用网络，或者能很顺利地在网上找到所需信息，因此对用户进行培训成了图书馆信息服务的一项重要内容。培训目的主要是提高用户的网络资源检索和辨别的能力、信息获取及处理的能力，帮助用户在浩如烟海的信息中搜集、筛选、分析和整合自己所需要的信息。

（四）不断提高图书馆员的素质，信息服务工作对图书馆员提出了更高要求

图书馆是文献信息的收集、存储和传播中心。馆员只有通过管理、开发、加工和传递信息才能使图书馆的文献信息资源在不断被使用中增值。因此，要不断培养自身的信息素养，提高对信息进行深度加工的能力；要不断培养敏锐的捕捉信息的能力，学会用信息眼光，从信息角度去思考问题和开展工作。对信息价值要具有一定的洞察、判断和运用能力，并能运用现代信息技术为广大读者提供高效优质的服务。由于现代信息技术在图书馆的广泛应用，图书馆员要努力学会运用电子计算机技术，使工作自动化；运用光学技术，使文献信息缩微化、光盘化；运用电脑多媒体技术，使图、文、声、像信息一体化；运用现代通信技术，使参考服务网络化及信息传递高速化。

二、现代图书馆员的培训

现代图书馆员的培训，从狭义上讲，是指给新员工和现有员工传授其完成本职工作所必须掌握的基本技能的过程；从广义上讲，它是指图书馆为了履行各项社会职能，实现总体目标，全面开发员工的智力，而对员工开展的基本技能、职业道德、敬业精神等培训的全过程。

（一）基本技能培训

我们正逐步步入信息时代，现代计算机技术、多媒体技术、网络技术等被大量引入图书馆，传统图书馆正逐渐向电子图书馆、信息图书馆、复合图书馆方向转变，图书馆的工作发生了重大转变。一方面，图书馆的传统工作因为有了信息技术的引入而变得更加有效率，如采访工作可以借助于网络搜集最新的出版信息，编目工作可以通过使用统一的机读目录而节省劳动力，检索工作可以利用计算机而避免手工劳动的烦琐；另一方面，图书馆的工作范围日益扩大，如采访工作需要加强对电子书籍、各类型数据库的采购；信息检索范围从传统的纸质文献扩大到了互联网，信息服务的方式也不再局限信息检索和咨询。这一切都要求图书馆对工作人员在数据库的管理能力，网络环境下的信息搜集、处理能力，信息检索工具的生成能力，网络信息的利用能力，以及计算机操作能力等方面加以培训，才能适应新时期图书馆工作的需要。

（二）解决问题能力的培训

对于图书馆的管理人员来说，解决实际问题的能力的培养可能更为重要。在图书馆面临社会上各种信息服务机构挑战的今天，图书馆管理人员的素质对图书馆的发展将起到更重要的作用。因此，对图书馆管理人员加强在管理方面的培训，可以帮助他们提高解决实际问题的能力。

（三）人际交往能力的培训

任何人在工作中都难免与人接触。图书馆作为一个面向大众服务的机构，更应该注重对内部人员的人际交往能力的培养，这样不仅能够减少摩擦，还能促进他们与外界不同部门的联系。

（四）服务态度的培训

随着传统图书馆向信息图书馆的发展，图书馆的一些传统的服务观念也应随之变化，需要向开放观念、用户观念、经济观念、效益观念、资源共享观念转变。尤其是图书馆员应树立自己的“以人为本”“读者至上”的服务理念，多进行服务技能、服务态度的培训，这样才能营造一种宽松、和谐、友好、温馨的馆内环境，才能打造图书馆的良好形象，提升自己的服务水平。

第六节　服务创新是经济技术进步的需要

现代图书馆所处的是知识经济的时期，信息、知识在促进经济和社会发展方面将发挥越来越重要的作用。科学技术正突飞猛进，迅速改变着这个世界。以知识和信息为基础，竞争与合作并存的全球化市场经济正在形成，人类的未来和国家的繁荣比以往任何时候都更加依赖于创造和应用知识的能力和效率。而高校图书馆是聚集知识和信息的宝库，如何充分利用现代技术使其所容纳的各种各样的知识与信息，转化为现实的生产力，是摆在高校图书馆面前的一个重要课题。

一、知识经济的形势要求

（一）知识经济的特征

20 世纪 90 年代，社会发展出现了一个新的趋势，以高科技信息为主导的新型产业的崛起，推动经济领域实现了一场空前的革命，知识不但在这场革命中成为经济的直接推动力，而且谱写了知识经济时代的篇章。

知识经济时代到来前，人类已经历了数千年的农业经济和 200 余年的工业经济发展阶段。近半个世纪以来，计算机、晶体管、集成电路、个人电脑、全球网络、多媒体通讯等相继出现并迅速发展。到 20 世纪 80 年代以后，以信息获取、储存、传输、处理、演示技术和装备以及以信息服务为内容的信息产业迅速崛起，成为发展最迅速、规模最庞大的新兴产业。20 世纪 90 年代以来，世界经济发展又呈现出新的变化：经济和社会的发展越来越依赖于知识的创新和创造性应用，世界经济逐渐呈现出知识经济全球化的态势。可以预测，21 世纪知识经济将逐步占据国际经济的主导地位，科学研究系统在知识经济中将起着知识生产、传播和转移的关键作用，而知识和科技的创新及其应用将成为知识经济时代生产力发展的决定性因素。新技术的革命，尤其是信息技术的发展，已使全球经济的增长方式发生了根本变化。

知识经济是"以知识为基础的经济"的简称。具体地说，就是创新的知识、高新技术（核心是微电子技术）、计算机（多媒体）、网络（互联网）、革新的通信、信息高速公路、全球化的市场和掌握、驾驭这一切的'"人"结合在一起，以进行组合要素、组合经济的一种新型生产方式。

专家学者对知识经济的认识在其本质上是相同的，即以智力资源的占有和配置，以科学技术为主导的知识的生产、分配和消费为最重要因素的经济。知识经济在资源配置上以智力资源、无形资产为第一要素，对自然资源通过知识和智力进行科学、合理、综合和集约的配置。可以说，知识经济是由最复杂的结构功能所主导的经济形式，知识经济正日益影响和改变着人们的工作和生活并将使社会发生巨大变革。

（二）知识经济对高校图书馆的影响

中国加入 WTO，标志着我国的社会发展将进一步融入全球经济一体化、信息化的知识经济轨道。党和政府提出'科教兴国"战略的实施，也为发展知识经济奠定基础。中国数字图书馆工程就是在知识的不断创新中应运而生的，它组织与管理知识，推动并参与创新，是知识经济发展的重要产物。特别是 2002 年，在新修订的《普通高等学校图书馆规程》中指出：高等学校图书馆是学校的文献信息中心，是为教学和科学研究服务的学术性机构，是学校信息化和社会信息化的重要基地。后者是原《规程》中没有的，显然这是随着知识经济的形成和发展而导致的修订。

在知识经济时代，知识将被作为最重要的资源得到充分的开发、传播与应用，知识的不断创新成为推动时代发展的根本动力。这将对担任知识信息收集、整理和传递任务的高校图书馆提出更高的要求。改革创新，增强自身发展活力，积极、主动地适应经济社会的发展需要已成为高校图书馆发展的必然趋势。

1. 用户需求日益提高

在知识经济时代，图书馆用户已不满足一般性的内容提供，而是由文献需求向知识、信息需求演变，图书馆的服务内容要打破以原始文献作为第一服务手段的服务，以用户需求为导向进行文献信息的深化，从文献传递地提供式服务向知识、信息资源重组的创新式服务转变。要了解并掌握用户知识、信息需求特点，向用户提供以专题、知识单元为基础的服务，及时对馆藏一次文献进行二、三次文献信息开发与利用，将文献信息进行收

集整理，形成专题综述、述评、研究报告等深层次的开发，综合形成新的信息资源，提供的信息是该领域最新、具有前沿|生有效知识、信息，以此满足用户日益发展的需要。

2. 市场竞争日趋激烈

在以印刷型文献为主要信息载体的时代，图书馆以其丰富的馆藏和较熟练的文献服务技能两大优势，在社会信息服务体系中占据主导地位。但是，在以信息产业为主导的知识经济时代，信息服务日益社会化、网络化、个性化，图书馆的主导地位日益削弱，甚至其生存也面临着严峻挑战。虽然改革开放后，图书馆也逐步走向社会，面向市场，参与信息服务市场的竞争，但随着社会信息化程度的加深，信息存取和利用更加自由，商业界大量介入以往只能由图书馆和信息中心提供的信息服务，转变到越来越多的个人和企业涉足信息服务业，它们以更具特色的服务吸引着广大用户，与图书情报机构激烈地争夺着用户，使得图书馆成为信息服务市场中众多竞者之一。在激烈的信息服务市场中，面对用户的不断更新的信息需求，图书馆的现有信息服务逐渐失去了其争夺用户、开发市场和持续发展的能力，这就要求图书馆对信息服务系统进行重新定位，深入研究用户的真正需求，以用户为中心开展服务，形成新的服务体系。

3. 事业发展日渐迫切

知识经济时代，知识将取代权利和资本，成为最重要的社会经济资源。而作为拥有丰富知识信息资源的高校图书馆，知识经济的发展无疑是给其带来了新的发展动力、新的机遇和新的发展前景，但同时也带来了新的挑战。随着'知识经济”浪潮的掀起，经济建设要求图书馆利用知识资源为经济建设服务，把知识形态的科学技术和经营管理技术推广到经济建设中去，转化为经济建设的动力。新时期的图书馆事业要想在新的经济环境中保持可持续发展，就必须适应环境的变化，不断地改变和创新，以取得更大的社会效益，同时也从中获得较好的经济效益，以保证图书馆事业的不断发展。因此，市场经济条件下信息服务环境的变化迫使图书馆必须改革和创新。

同时，作为信息集散地的高校图书馆，也肩负着振兴地方经济的任务，因而，要打破传统的服务模式，努力开拓新的服务方式，要面向社会，寻找市场，拓宽服务范围。以经济建设为导向，依托网络平台，立足于创新，探索新的服务方式，开发信息资源。与社会上的信息企业合作，使自身丰富的文献信息资源与企业高素质的信息人才结合起来，创造出一流的信息产品，提供给社会。同时，把高校的科研成果及时介绍到企业中去，使之尽快转化为生产力，为社会服务。这一切都需要高校图书馆服务创新。

二、信息技术的形势要求

（一）信息技术的现状

信息技术是指在信息的产生、获取、存储、传递、处理、显示和使用等方面能够扩展人的信息器官功能的技术。它是随着人类对外部世界的认识和控制能力的不断提高而逐步由低层次向高层次发展的。现代信息技术包括计算机技术、微电子技术、通信技术、自动化技术、光电子技术、光导技术和人工智能技术等。如果说建立在微电子技术及软件技术基础上的计算机是现代社会的“大脑”,那么由程控交换机、大容量光纤、通信卫星及其他现代化通信设施交织而成的覆盖全球的电信网络就是现代社会的‘神经系统。”

当前，信息革命的浪潮正以不可阻挡之势席卷全球，现代信息技术的发展更是日新月异。现代信息技术的发展将对社会经济、政治、文化等一切方面产生重大而深远的影响。

1. 快速地更新换代

自1946年世界上第一台电子数字计算机问世。半个世纪以来,电子计算机已‘繁衍”了五代，即电子管——晶体管——集成电路一大规模集成电路一人工智能计算机。计算机的运算速度有了成千上万倍的提高，个人用的计算机每秒运算几千万次，上亿次的也已出现。比较大型的计算机每秒运算几百亿次，每秒运算上万亿次的计算机在一两年就可投放市场。卫星、光纤等通信技术也迅猛发展,现在通信卫星已发展到第六代,一颗卫星有几十个转发器，可同时提供几万路电话线路或转发几十路电视，光纤传输技术已跨入成熟期,许多国家已建起了以光纤为主导的大容量通信长途干线传输网络。世界信息网络技术发展迅速。

2. 大容量的信息存储

信息系统需要对已加工的可利用的信息进行存储，以便适时向用户提供。近一二十年信息存储技术有了巨大进步,以计算机为例,在20世纪70年代后期,个人用的计算机的存储水平为1K、4K、16K，而目前市场上80G的硬盘已经很普遍了。200G的硬盘也已投入市场，存储量有了数十万倍的增长。在缩微存储方面，出现了缩率达90 ~ 150倍的激光全息超缩微平片，在一张标准规格(6×4英寸)的平片上，可记录3000~12000页资料。据报道，目前已有存储量高达22．5万页资料的全息缩微平片。英国大百科全书公司的索引卡,原需要700米长的书架存放,现只用两个抽屉即可容纳其全部缩微平片。光存储技术也有了长足的发展,除了只读式的光盘、光带、光卡外,还出现了可供用户写入信息的一次写光盘，可反复擦写的光盘及自动换盘的多光盘系统。光盘的存储量大，信息存取速度快,使用寿命长。

3. 自动化的信息加工处理

信息加工处理中业务操作系统化、数据处理自动化、记录事项规格化、文献缩微复制自动化等得到了广泛的发展和应用。知识数据库与专家系统的出现，使信息情报咨询与检索工作达到了智能化的程度。作为人工智能应用的专家系统已有100多种，将日益广泛地运用于医疗诊断、投资分析、贸易管理、科学研究、气象预报、制定财政计划等方面。

4. 数字化的信息传输手段

当信息成为数字化并经由数字网络流通时，大量信息可以被压缩，并以光速进行传输，数字传输的信息品质又比模拟传输的品质要好得多。许多种信息形态能够被结合，被创造,例如多媒体文件。

5. 多媒体技术与信息网的宽带化、综合化、智能化和个人化是未来信息技术发展的主要趋势

随着未来信息技术向着智能化的方向发展,在超媒体的世界里,"软件代理"可以替我们在网络上漫游,它让使用者能够在各个文件之间有效地穿梭寻找,而不需将文件从头到尾看一遍,不再需要浏览器,它本身就是信息的寻找器,它能够收集任何我们可能想要在网络上取得的信息。

以多媒体技术为代表的信息通信产业,将成为21世纪最有希望获得发展的产业之一。随着通信技术与计算机技术的进一步融合,信息网将朝着宽带化、智能化、综合化和个人化的方向发展,为人类的信息交流提供极大的方便。

二、信息技术对高校图书馆的影响

飞速发展的数字化、网络化信息技术,给高校图书馆传统服务带来了极大的冲击。网络改变了传统的信息交流方式,冲破了地域限制,实现了世界范围内的信息共享。伴随着数字化和网络化大潮的推进,作为知识殿堂的高校图书馆正面临着一次全方位的技术革新。信息资源的数字化能够扩展高校图书馆的虚拟馆藏,扩大高校图书馆的服务范围,突破传统的信息传递模式,使信息传递变得更加快捷、便利。因此,高校图书馆进行数字图书馆建设,开展多种形式的服务创新,成为21世纪高校图书馆迎接网络时代的重要战略。

(一)文献资源数字化

传统图书馆的信息资源以文献为主,且多为纸质印刷型文献。随着信息技术的发展,纸质印刷型文献一统信息载体的局面已不复存在。电子信息源的不断出现和增多,涌现出诸如CD—ROM出版物、数据库、联机检索信息源、因特网信息源等新型的信息资源,并可以通过计算机终端、网络通信对其进行高速、准确地浏览和检索利用。信息的形式也日渐丰富,不仅有纯文字型信息,还有图像视频型、数值型、软件型等多种信息类型。这些新型的信息资源不仅数量巨大、类型繁多,而且取用方便,它将极大地丰富图书馆的服务内容,成为未来高校图书馆信息资源的主体。

(二)传播载体多样化

传统的信息存储载体一直是以纸张为信息传播的主要载体和媒介。随着多媒体、超媒体计算机技术以及光纤技术的日益成熟,知识的载体已不再是纸张这一单一形式,磁、光介质已大量应用,光盘等电子出版物迅猛激增。除文字载体外,还有语音载体、电磁波载体、缩微载体、声像载体、网络载体,且均可通过现代技术存储或传播。传播载体已由单一的印刷型向多类型、多载体方向发展,人们不必过问所需信息是存储在何种载体上,

网络资源的社会性和共享性已初现端倪。

(三)服务手段现代化

传统图书馆的服务手段多以手工操作为主,不仅服务速度慢,效率低,且服务内容受限。读者通常需亲自登门造访,时空制约比较明显,服务质量多受馆员个体的学识和经验的约束,效果不很理想。现代信息技术和网络通信的发展使高校图书馆的服务手段发生了变革,计算机检索、联机数据库检索、网络信息检索等新型文检手段不仅扩大了检索的范围,同时大大提高了检索效率。网上预约、网上借还图书、网上催还图书等流通新业务的开展不必读者亲自来馆。

(四)服务方式多元化

传统的图书馆服务方式比较单一,基本上以被动的馆藏书刊借阅和一对一式的面询为主,服务效果难尽如人意。现代信息技术和网络的发展首先使图书馆的服务空间拓宽了,服务方式也日渐丰富多样,在线参考咨询,如 E-mail 服务、BBS 讨论组、FAQ 实时解答服务等,具有实时性、交互性、能动性、个性化和人工智能化的特点,能提高咨询效果,更大程度地满足读者需求。在国外,有些图书馆还在尝试一种"即时视像咨询服务",即咨询馆员和远程用户借助视像会议软件、摄影头、话筒等设备,实现实时视像的面对面交流。

(五)服务对象社会化

传统高校图书馆的服务对象明确且相对稳定,多局限于本校师生。网络环境下的高校图书馆事实上已成为整个网络体系的一个节点和组成部分,由于信息存取的开放和自由,凡是与网络连接的用户,都可以不分国家、地域、单位和时间的限制,调阅网上图书馆的信息,网上用户同时成为图书馆的读者,读者面之广、数量之多,远远超过传统图书馆。

当前信息技术的迅速发展不仅使数字化文献资源和网络化信息服务逐渐成为图书馆服务的主流,而且以 e-science, e-learning, e-business 和 e-government 为代表的信息环境正带来新的用户需求、用户行为和用户信息应用机制。同时,以 Open Access 为代表的新型学术信息交流模式、以 Google Scholar/Print 为代表的新型信息服务机制,以及以 Institute Repositories 为代表的机构知识交流与保存平台,都为图书馆服务的发展带来了空前的挑战和前所未有的机遇。面对这种信息环境持续不断的变化,高校图书馆如何充分利用新环境所创造的机遇,如何挖掘服务定位,如何集成利用各方面资源,如何开辟或拓展服务功能和形式,如何建立可持续和有竞争力的服务模式,已成为图书馆领域的领导者共同关心的问题。从而,也使高校图书馆服务创新成为一个必须认真探索、研究的课题。

第五章 互联网环境下图书馆创新服务的提出

第一节 互联网对图书馆的影响与发展趋势

在信息技术发展过程中，建设数字化图书馆是其迎合人们阅读需求的必然结果。从20世纪90年代开始，世界各地已经有许多国家投资于数字化图书馆建设，其中欧美一些国家，如美国、英国、法国、俄罗斯等在短短数十年间都取得了令人瞩目的成果。它们不仅推动了本国的信息化建设，还以“示范”的形式为其他国家图书馆的数字化改革提供了可以借鉴的经验。目前，我国图书馆数字化还处于探索阶段，其具体建设路径还需要结合自己实际情况做出有效的改善。

一、互联网对传统图书馆的影响

（一）传统图书馆的现状

在传统的图书馆拥有一定的实体结构，其管理和储藏的图片文字大多为纸质，在过去，传统图书馆是最受读者青睐的阅读场所，而随着人类社会的发展，传统图书馆存在的问题日益突出。在社会信息化的现在，人们获得信息的途径越来越多，而传统图书馆由于受资金、管理人员、书籍储存量以及图书馆空间等多方面的因素影响，提供的信息和信息传递速度难免受到一定的限制。而且，各个传统图书馆之间的储藏资源不能相互借阅，大大降低了图书的利用率，这就需要图书馆消耗大量的人力和资金去搜集出一系列的信息资源系统。另外，传统图书馆需要很大的投资。由于传统图书馆是一种用来储存书籍的实体建筑物，建立起来需要大量的人力、物力和资金，而且高成本带来的效益却很小。这些问题使传统图书馆在服务模式和日常业务中受到很大的影响，因此对传统图书馆的改革势在必行。

（二）互联网对传统图书馆的影响

在传统图书馆存在的问题日益突出之际，互联网由于其庞大的信息储存功能和快速的信息功能受到越来越多的人选择，而互联网对传统图书馆的影响也越来越明显，其主要体现在传统图书馆的服务模式和业务工作两个方面。

在服务模式上，传统图书馆要求读者在阅览室通过阅读书刊、记录笔记才能获得信息，而数字化图书馆则具有“零距离”的功能，即数字化图书馆可以远距离地服务，尤其是随着远程网络技术的逐渐成熟，读者可以在工作室或家里运用计算机通过网络技术查阅图书，并进行阅读从而获得自己需要的知识。相比于传统图书馆，数字化图书馆可以节省读者大量的时间并拓宽读者的阅读空间，使图书馆的查询、检索、流通等服务工作能够更加高效而准确。数字化图书馆以数字的方式完成信息的储存，这些数据可以集中储存在类似光盘等的电子载体上，也可以通过网络远程控制实现信息资源的共享和交流。

在业务工作上，传统图书馆发生了巨大的改革。传统图书馆中的信息资源均是通过人工操作的服务系统才得以体现，过程复杂而繁多。而在数字化图书馆中，其信息资源的分类编目等环节都是由计算机自动化系统操作完成，工作效率大大提高，在给读者提供电子出版物的同时，通过书目数据库向读者提供的信息资源。尤其是计算机网络技术的快速发展，使信息传播不再受距离、空间等因素的影响，数字化图书馆的业务工作也可以远距离通过计算机网络技术开展，信息资源的收集、整理、流通等工作从传统的“人与人”“人与书”的方式转变为“人与计算机”“人与网络”的方式。而且，信息技术的发展把传统图书馆中狭义“书的中心”的概念扩展到广义上“信息中心”的范围，使读者的阅读更具有效率。

二、互联网背景下高校图书馆的发展趋势

（一）服务特色化

高校图书馆面对的读者主要是学生和教学科研人员，因此图书馆服务需要有较强的针对性，图书馆服务也就具有其自身的特色。同样，读者中也存在不同层次、不同群体的读者，这就存在一个图书馆个性化服务问题。面对读者需求的个性化，图书馆需要有针对性地对不同用户采用不同的服务策略和方式，提供不同的信息内容，用户可以按照自己的目的和需求，在图书馆获取自己所需的信息服务。由于用户个性化信息需求不断增加，用户在知识、信息的获取、应用方面对图书馆提出了更高、更具体的要求。因此，图书馆要结合用户实际需求加强个性化信息服务创新。做好个性化服务必须要有针对性，图书馆应当全面搜集用户需求信息，形成用户个人信息库，定期更新，从而了解读者的信息需求，提供准确实用的服务。同时，根据用户的学业分属、研究方向以及兴趣爱好，充分利用馆藏文献资源有针对性地形成个性化、主动化信息服务。在服务中，应当做好用户服务反馈信息搜集与管理。图书馆工作人员要充分利用用户反馈信息，完善管理工作，从而全面、准确、及时地提供最优的信息化服务，不断提高信息服务总体水平。

（二）服务多元化

多元化服务须从两方面着手：

1. 数字图书馆信息的多元化。实现多元化服务，就需要有馆藏资源的多元化和信息文化的多元化。随着科技的进步和社会的发展，信息资源数量迅猛扩张，文献载体种类

也不断增多。相比传统纸质载体，数字化信息存贮提供了众多便利，图书馆可以有针对性地选择信息馆藏构成，优化藏书结构，形成传统纸质文献、电子文献和网络文献共同构成的多元化综合资源体系。同时，图书馆可以以具有自身特色的馆藏数据库作为图书馆建设的重要目标，建设图书馆自身的特色体系，丰富信息资源，有目的、有重点地收集国内外相关领域的信息资源，然后分门别类加以归纳、整理，为读者提高效率、优质的多元化服务。

高校图书馆是高校教育活动的补充、延伸与扩展，是读者进行学习和研究、掌握知识技能的主要空间。在高校教育中占据着重要的地位，顺应时代发展中的图书馆应借助资源体系，形成各种不同的学习群体，采取丰富多彩的方式为读者创造一个自由、无干扰的学习、科研环境。还可以为不同读者搭建各种学习、交流平台，满足不同群体多层次、多元化的文化需求。读者需求不仅包括对知识资源的需求，还包括利用图书馆的体验需求。图书馆可利用自身资源，与读者互相沟通，组办文学、摄影、文保、健康、科普等系列化、经常化、公益性讲坛；开展经典诵读、读书沙龙、音乐赏析、书画赏析、公益展览等具有丰富内涵的文化活动。以此为基础，图书馆在传递知识的同时，也成为一个感受文明、塑造自我的文化空间，从而彰显出图书馆弘扬人类文化的重要作用。

2. 信息传递方式的多元化。伴随着图书馆空间的多元化发展，多元服务应是社会对现代图书馆提出的更进一步要求。多元服务就是服务内容和服务方式的多样化，为不同类型的读者需求提供适当的服务。图书馆在做好基本馆藏服务的基础上，积极改善系统配置和设施，充分利用网络技术，才能打造一个新旧兼容、多元并存、相互支撑的新格局，将传统服务向现代数字化、网络化、自助化、个性化服务延伸。

第二节　数字化图书馆技术的特点与建设途径

一、数字化图书馆技术的特点

所谓“数字化图书馆”，就是指采用信息技术对图像、文本、影像等多媒体信息进行处理和储存的图书馆，就其实质而言，就是把信息资源数字化并通过计算机网络技术实现信息资源共享。数字化图书馆除了充分利用其信息资源和实质性的功能之外，还具有其他的很多特征。

（一）信息自动分类

数字化图书馆可以采用人工智能技术、信息技术等根据信息资源的内容、服务对象等相关特点，对互联网上的这些信息资源进行自动化分类，如此一来，节约图书馆管理时间的同时，提高了效率，还可以使不同要求、不同学科的读者在短时间内搜索到所需要的各种类型的信息资源、文档和知识，大大提高了读者的阅读效率。除此之外，根据数字化图书馆的信息资源自动分类的功能，还可以开发图书馆服务上其他相应的功能，例如，信息资源的搜集、保存等。

（二）多媒体资源和数据处于主导地位

随着社会逐渐信息化的发展，在数字化图书馆中，光盘、视频、图像、音频等多媒体资源越来越多，相应的，多媒体资源所占的比重也越来越多，且处于主导地位。由于计算机网络技术的发展，互联网上的多媒体信息资源越来越多，而光盘作为媒介，人们对其的需求日益增多，对其的要求也越来越多，因此，多媒体信息资源的创建、保存等问题将会日益突出，数字化图书馆必须进行改革发展，实现对多媒体信息资源的自动化指引、检索、处理、使用等实用性功能，以完善数字化图书馆的服务模式。

（三）保护知识产权

在数字化图书馆信心资源的管理中，知识产权一直是长期以来的一个重要问题，其涉及法律和技术。因此，除了政府制定有关的规章制度对知识产权进行保护之外，在数字化图书馆管理中，还需要具备新的服务功能，例如信息的保密技术、数字水印技术、信息隐藏技术等，能够严格的对信息资源的使用进行认证和保护，避免非法用户对受保护的信息资源进行非法盗用和窃取，充分保护资源拥有者的利益，使数字化图书馆系统趋于完善，并有效保护资源信息的知识产权。

（四）多资源同时自动检索

在数字化图书馆中，Internet 将会产生更多的网点，各个数字化图书馆也将会拥有不同或相同的各种资源类型，数字化图书馆则提供不同图书馆的检错功能，使读者可以同时对不同图书馆的信息资源进行访问，从而提高信息资源的利用率和检索的功能效率。另外，还可以引入网上信息资源竞争机制，让各个数字化图书馆在合作合同或公共协议的引导下，能够进行公平公正的招标，数字化图书馆则为读者自动推荐和选择质量高、价格便宜的信息资源，并为读者自动过滤掉不良的信息资源。

（五）协作咨询

在传统图书馆服务项目中，咨询服务就已经存在，因此，在数字化图书馆中，有效地咨询对读者来说是一项十分重要的服务工作。随着社会的进步，新的学科和技术的种类越来越多，读者咨询的内容也越来越广泛、越来越复杂，使图书馆的咨询工作完成的难度越来越大，导致难以满足读者的咨询需求。然而，计算机网络技术的发展对数字化图书馆网上协作咨询提供技术支持，使不同地区的咨询部门通过计算机网络技术可以进行对咨询问题的讨论、意见交换等环节，共同为同一个咨询问题提供服务。

（六）数字化图书馆具有多功能界面

读者和数字化图书馆系统交流的主要工具就是其功能界面，数字化图书馆的界面对其的使用效率有着重要影响，因此，智能的用户界面对图书馆的改革意义重大。一方面，智能的用户界面可以生动形象的为用户提供所需要的信息资源；另一方面，能够方便相关管理人员添加新的信息资源。

二、数字化图书馆的建设路径

在如今，数字阅读已经逐渐普及，然而，对于如何有效的具体实施在我国尚未形成统一的说法，接下来，我们通过以上的分析对数字化图书馆的建设路径进行探索。

（一）拓展服务功能

虽然数字化图书馆的出现，使图书馆与传统意义上的图书馆有很大不同，但无论是过去、现在还是将来，图书馆的本质不会改变，都是为读者而服务的。因此，要强化图书馆工作人员的服务意识，拓展其服务功能，通过自身优秀的服务将信息资源传递给读者，让读者理解并掌握，为读者创造更多的知识财富。在数字化图书馆中，图书馆的大部分业务都是在互联网上运行的，这必然需要相关工作人员熟练掌握计算机技术的操作技能，增强服务意识，提高自身资源的搜集、加工等能力，并从读者的立场分析其对知识的需求，从而充分发挥出图书馆的功能。此外，图书馆自身也要增强硬件服务，打破时间、空间的限制，24小时为读者提供优质的服务。

（二）信息资源共享

在我国传统图书馆的管理模式中，追求图书馆书籍的存量和图书馆自身规模，封闭式管理储存的信息资源，这种僵化的管理模式在新时代的背景下已经过时。数字化图书馆作为新的图书馆模式，不仅仅是技术上的改革，在管理模式和观念上，也应该适应时代的潮流。数字化图书馆可以在日常运营中使用计算机网络技术，采用多种联机检索终端网络来对其他的数据库进行检索，结合自身的特点互相协调，从而达到网络信息资源的共享。读者是图书馆存在的意义，因此，图书馆必须建立以人为本的服务观念，实现传统图书馆与数字化的完美结合，从而提高图书馆信息资源的利用率。

（三）实现管理规范化

若要促进数字化图书馆的可持续发展，对其规范管理是必须要做的。众所周知，数字化图书馆是把传统图书馆的信息资源数字化逐渐发展起来的，丰富的数字化信息资源是其基础支持。然而，将所有信息资源数字化不是短时间内就能完成的，这需要长期的努力和坚持。如此一来，就需要我们从基础开始，一步一个脚印地做起，在此过程中，规范的管理是必不可少的。另外，提高图书馆工作人员的综合素质也是其发展的关键和核心。图书馆应鼓励馆员积极学习数字化图书馆的相关知识，参与相关技能的技术培训，从而使馆员适应新的工作模式，提高数字化图书馆的工作效率。

（四）建设具有特色的资源数据库

无论是在传统图书馆还是数字化图书馆中，信息资源数据库的建设是其最重要的知识财富。数字化图书馆要以“资源共享，共同发展”为基本原则，建设出具有自己特色的数据库，避免消耗不必要的人力、物力和资金。另外在通过资源共享建设数据库过程中，要根据自身实际情况，避免重复建设，而且对各个图书馆的特色要进行客观的评估，并统筹规划、明确分工，从而能够更好地服务广大读者，促进图书馆的健康发展。

随着时代的进步，人们对阅读的需求也随之越来越高端，传统图书馆模式逐渐将会被淘汰。而信息技术的发展，对传统图书馆来说，是挑战，也是机遇。因此，传统图书馆要适应时代的变化，利用如今的高效的信息技术，并结合自身的实际运营情况，改革图书馆的管理模式，提高服务质量，完善信息体系，满足读者多样化的阅读需求，以全新的观念和模式面对新时代的挑战，从而促进图书馆全面的进步和可持续发展。

第三节　图书馆创新服务

国内“互联网 +”理念，最早是由易观国际董事长兼首席执行官于扬提出来的。他认为，在未来，“互联网 +”公式应该是我们所在的行业产品和服务与我们未来看到的多屏全网跨平台用户场景结合之后产生的这样一种化学公式。综合而言，“互联网 +”就是各个传统行业通过与互联网平台的深入合作，来实现行业创新的目标，达到两个行业的共赢，是创新 2.0 背景下各个行业网络式发展的一种新业态。只有创新才能让这个“+”具有真正的价值、具有实在的意义。成熟的互联网技术与传统行业的各自优势密切结合，为行业的发展带来生机。

一、高校图书馆服务现状

高校图书馆是高等学校的文献信息中心，是为学校教学和科学研究提供服务的科研机构。在科学信息技术日益进步、各行各业飞速发展的今天，高校图书馆也不甘落后，运用科学信息最新技术不断完善自己的硬件、软件设施，让自己走在信息技术应用的前沿。同时，高校图书馆积极提升自己的软实力竞争力，提升馆员素质，转变服务观念，逐步将图书馆由传统的以图书馆为中心的服务方式向以用户为中心的服务方式转变。利用计算机技术、网络技术，完善馆藏信息资源，购买数据库，应用 QQ、微信等公众平台与读者互动，成立学科服务馆为教师提供学科服务等，经过不懈努力，图书馆在创新服务工作方面取得了一定的成绩。但是这些依托于网络信息技术的服务方式与服务内容还停留在服务的初期阶段，仍然是基于馆藏书目数字信息资源检索、馆藏搜索引擎数据库检索的用户主动提问的一种被动信息服务模式，QQ、微信与读者的互动服务也局限在“你问我答”的咨询方式上。在这样的服务模式下,图书馆主动考虑用户的个性特点、为用户提供的主动服务很少。

二、“互联网+图书馆”创新服务发展要素

(一)大数据分析

大数据指的是需要新的处理模式才能具有更强的决策力、洞察力和流程优化能力的海量、高增长率和多样化的信息资产。互联网时代的到来,使人们之间的交流越来越密切,物物互联、人人交互、数据无处不在。尤其是以平板电脑、云计算、手机、物联网、互联网、PC 等为代表的各类传感器更是遍布全球,都可以作为大数据的重要来源和载体而存在。全球互联网巨头都已意识到了“大数据”的重要意义,我国互联网巨头马云就曾提到当今时代正在从 IT 时代朝着 DT 时代迈进。如今,大数据已经通过各种方式和渠道渗透到社会各行各业当中,成为新时期社会又一重要因素,人们对于海量数据的处理运用是互联网化行业创新决策的支撑。图书馆具备“互联网 +”的大数据特征,它的馆藏数据、资源利用、用户数据等共同组成了图书馆整个庞大的大数据系统,在对这些数据进行综合分析、挖掘、存储的基础上,快速“提纯”出有价值的信息为用户提供服务是图书馆创新服务发展的方向之一。

(二)互联网技术的有力支撑

互联网技术的发展,使得计算机、通信、移动、云计算等技术被充分运用在图书馆的服务中,为新时期图书馆的服务创新做出了巨大的贡献。“互联网 +”的环境下,图书馆文献资源的存储方式、信息传递方式、图书馆与用户的交互方式都发生了重大的改变,互联网技术使用户与用户、用户与图书馆、图书馆与图书馆的联系更加紧密。移动技术的应用与发展带来的移动交互,为普适计算、随时随地在线连接、通讯联络和信息交换提供了可能。通信技术随着互联网、光纤技术、数据传输技术的快速发展,数据信息存储与传输方式都发生了重大改变,这也促使图书馆不断调整自己的服务方式。云计算技术在图书馆中的运用,提升了图书馆资源的有效利用,有助于实现图书馆创新服务的深层次服务。在“互联网 +”背景下,图书馆通过通信技术、移动技术、网络技术等综合信息技术的强有力支撑获取信息资源,并对这些数据进行挖掘分析,及时推送给用户个人,实现图书馆服务的智能化。

(三)创新服务理念的转型确立

“互联网 +”时代,科学信息技术高速发展,图书馆的文献资源结构、馆藏结构等都发生着巨大的变化。新技术的应用与互联网环境下的图书馆发展理念,使图书馆的服务内容、服务方式、服务手段呈现出新的特点。近距离通信、无线传感、RFID 等作为物联网系统三大核心技术,可以实现远程图书与用户之间、图书与图书之间、用户与用户之间的互

联和信息交换。在此种情况下各种新型图书馆服务模式得以出现,如可视化、移动化、个性化、专业化等服务,图书馆服务理念正经历着前所未有的颠覆性巨变。创新服务理念的确立,是保障图书馆实现新时期创新服务的重要基础。

三、互联网时代高校图书馆的创新服务模式

(一)结合用户需求开展用户服务

互联网环境下的图书馆是一个以用户为中心的智慧互联的资源管理机构。随着现代信息技术和网络技术的飞速发展,图书馆用户的需求愈来愈趋向智能化、个性化,图书馆不应该被动地等待用户提出知识服务的要求,而应该利用云计算、大数据技术等,对用户的行为数据进行深度挖掘,从而构筑能全面、真实地反映用户的个性特征和需求特征的用户模型,并在此基础上向用户提供真正的、全方位、立体化的个性化服务。

(二)开发、应用移动阅读

近年来,随着移动应用技术的快速发展,智能手机以及平板电脑等各类移动终端设备在图书馆等各行业中逐渐普及,通过微信公众号、官方微博、掌上图书馆等形式来实施图书馆新时期的移动互联阅读应用。尤其是在微信公众平台中进行新闻、信息的公布,进行图书馆活动宣传,实现与读者的交流互动;通过掌上图书馆,进行图书荐购、下载等。通过超星移动学习通,可线上、线下阅读下载各类文献、学习资料,可加入各类话题圈子,实时进行话题讨论等。移动技术的应用摆脱了物理空间的限制,极大地拓宽了图书馆的服务范围。

(三)基于云服务平台的资源整合与资源共享

随着现代化技术的发展,电子、光盘、数据库、多媒体等文献类型成为图书馆馆藏资源结构中和纸质文献同等重要的资源。由于图书馆的 OPAC 检索系统并未实现与其他系统的无缝对接,资源没有进行整合,用户检索数据过程非常烦琐。用户在利用图书馆搜索引擎检索数据时需要选择不同的数据库,检索结果也只是指定数据库中的信息资源。在云计算技术的辅助作用下可以解决图书馆海量光盘数据的存储空间不足和高效检索问题,实现图书馆资源共享,满足图书馆为用户提供全面、方便、快捷的服务理念。

总之,面对当今时代互联网发展的速度趋势,我国高校图书馆也应与其他行业一样,紧抓时代发展潮流,借助互联网优势作用的发挥来促进高校图书馆服务模式在新时期的创新式发展,为高校图书馆的未来可持续发展奠定坚实的基础。

第四节　面向大数据时代的高校图书馆创新服务

虽然当前大数据没有一个统一性的定义，但是大多数定义都认为大数据是指规模、复杂性超过了传统关系数据处理能力的大量数据，其主要特征为数量、多样、价值与速度。大数据能够在一定时间中采用常规软件工具实行捕捉、管理以及处理的数据集合，其能够为使用者创造大量的数据信息资源，例如销售信息、检索信息等。

一、大数据的发展趋势

自从2012年开始，大数据便成为社会所热议的话题之一，以美国为例，奥巴马政府已经将大数据作为全球性的战略目标。在我国，政府正确的引入并创建关于大数据的战略，而且许多的部门以及政府已经开始着手于大数据的研究与技术开发。对于教育部门而言，也在积极开发大数据的研究工作，这也为我国图书馆的发展提供了一定的空间。

二、大数据时代的图书馆创新服务

（一）分析图书馆数据，提高服务水平

在大数据时代，图书馆的传统业务将向数据分析、数据挖掘方向转移，图书馆的主要业务转为对大量数据的分析与处理。从大量数据中发现的规律越多、找出的潜在价值越大，图书馆的服务水平等也将提升得越快。高校图书馆管理系统普遍应用之后，图书馆积累了大量的读者基本信息、读者借阅记录、读者访问数字图书馆的日志等数据。这些数据中隐藏着读者信息需求偏好、特征读者分类、读者借阅行为规律等重要知识。

分析图书借阅或预约数据，研究读者的阅读倾向，找出最强阅读倾向的图书类别和最强阅读倾向的图书的入藏情况，既可以作为藏书建设的重要依据，构建起读者需要的核心藏书体系；又可以了解读者的知识结构和学习兴趣，以便开展各种类型的文献服务。

分析电子资源使用状况的数据，可对电子资源的馆藏评估及采访策略的调整提供重要的参考信息，可以直观地反映资源利用的程度及特点，有利于图书馆做出电子资源采购、续订、降低规模以及退出等决策。

分析科技查新、信息检索课的数据，可了解查新业务量大和教学任务重的时间段。另外，了解科技查新客户的分布情况，可采取措施，对查新量少甚至为零的客户进行重点宣传，对查新量减少的客户多进行沟通，多增加联系，拓展业务量。

（二）嵌入式服务，为学院教师提供所需数据

大数据技术不仅可以通过数据了解用户的行为、意愿、业务需求和知识服务需求，更可以利用数据对用户的科研创新合作过程及合作交互型知识服务过程将要发生什么进行分析和预测。在提供数据服务方面，美国、英国等研究型大学的图书馆已经面向不同学科领域开展了大量的实践工作。例如，美国密西根大学构建的政治和社会研究校际联

盟的主要目标是为多元化并不断扩展的社会科学研究提供数据访问，并在数字管理和分析方法方面提供培训。麻省理工学院图书馆提供社会科学数据、地理 GIS 数据以及生命科学数据的机构数据保存和咨询服务。

学科馆员服务的核心竞争力就是加入科技决策和科技研究中的个性化动态化知识化服务机制，与具体团队及其问题紧密结合，嵌入其持续过程，针对其问题，动态挖掘与利用信息资源，并根据需求的动态变化不断调整，与用户共同探索问题的解决方案。例如，理工类科研人员在科研过程中，经常需要了解一些数据，他们去搜寻这些数据可能要花费大量的时间。文学院、商学院、社会学院研究人员在课题研究过程中经常需要某些与课题相关的宏观、微观数据，但是他们一般都较难获得这些数据。如果学科馆员采取嵌入式服务方式，深入课题组，了解学院教师的研究方向，及时提供他们所需的数据，这种服务方式肯定会得到学院教师的欢迎。所以，学科馆员应考虑如何深入接触和联系科研人员，以嵌入与合作的方式介入科研活动，构建了解科学数据、获取科学数据、提供科学数据服务的完整方案。

（三）建设机构知识库，为高校监管提供科学数据

为了提高服务水平，许多高校都在进行机构知识库的研究。国外已有高校开始考虑其机构内科学数据的采集、保存、分析和管理，如康奈尔大学的 Data Star 数据中心，支持科学数据的上载与存档，促进科研人员之间的数据共享、鼓励研究团队发布数据、为机构知识库提供高质量的元数据信息。我国也有部分高校建设了机构知识库，但目前仍局限于保存本校师生的期刊论文、学位论文、会议论文等，对研究中产生的实验数据、视频图像、算法程序等科学数据还是缺乏管理和共享。

机构知识库不但要有公开成果库，以提高机构和作者的影响力，更要有科学数据的监管库，把机构内各种系统、各个团队、各个成员散存的各类知识成果记录、集成、再组织，展现机构成果，为团队、成员提供学习、科研服务支持。

越来越多的科学数据直接来源于科学实验设备的原生数字资源，其中蕴藏着大量尚未发现的内容、关系和规律。科学研究的起点可以不再是观察和实验，而是根据自己的需要从前人的研究过程中的任何一点开始，利用其科学数据沿着不同的方向继续研究。

科学数据包括公开和非公开两部分，公开的科学数据是指那些已发表的论文、专著、专利、学位论文和会议论文或通过验收和评审的最终报告、方案等中的数据；非公开的科学数据包括实验记录、报告草稿、教案、培训教程、视频、工作规范、源程序、设计文档等。非公开的科学数据可能涉及机构、部门和个人机密，因此其访问范围可以分为机构内公开、群组内公开和特定成员间公开；访问权限可以有下载、评议，也可设置为不同的访问权限组合。

（四）走出图书馆，为企业服务

当前，中国企业的管理方式因信息化系统的应用变得精细化，新产品研发速度和设计效率有了大幅提升。企业在实现对业务数据进行有效管理的同时，积累了大量的数据信息，产生了利用现代信息技术收集、管理和展示分析结构化和非结构化数据和信息的诉求。大数据时代，数据资产当仁不让地成为现代商业社会的核心竞争力。数据的分析和处理能力正在成为越来越多企业日益倚重的技术手段，越来越多的企业开始设法从大数据中找出二次和三次商业机会，以实现企业数据利益的最大化。

市场调研机构 IDC 预测，大数据技术与服务市场将从 2010 年的 32 亿美元攀升至 2015 年的 169 亿美元。高校图书馆有为企业建立存储、监管、分析大数据平台的能力，其数据人才应走出图书馆，加强与企业的合作，利用企业随时获取的数据，帮助和指导企业对整个业务流程进行有效运营和优化，帮助企业做出最明智的决策，为企业在市场或行业内创造竞争优势。

三、大数据服务应注意的问题

（一）数据采集时要保证质量

如果数据质量不高，真实性、可靠性差，就会造成分析结果失真。所以，数据拥有方应从意识、管理和技术等几个方面，多管齐下来保证数据的真实性。首先，树立全面的数据质量意识，使每一个操作使用信息系统的用户意识到数据是系统的生命，规范操作，保障数据真实准确；第二，颁布并严格执行数据管理规定，在制度上规范数据的管理；第三，通过技术手段保障数据质量，引入大数据管理平台，集中管理大数据，加强系统对错误业务数据的检查校验功能，把错误数据堵在源头。

（二）信息安全及隐私保护

数据大集中的后果是复杂多样的数据存储在一起，包括大量的企业运营数据、客户信息、个人隐私和各种行为的细节记录，这些数据的集中存储增加了数据泄露风险；另外，一些敏感数据的所有权和使用权并没有明确的界定，很多基于大数据的分析都未考虑到其中涉及个体隐私问题。我国已有的涉及个人信息保护方面的法律法规并没有给出具体的规定与技术措施，个人信息不能从根本上得到保障。在大数据发展规划时，应明确信息安全在大数据发展中的重要地位，加大对大数据安全形势的宣传力度，明确大数据的重点保障对象，加强对敏感和要害数据的监管，加快面向大数据的信息安全技术的研究，推动基于大数据的安全技术研发，培养大数据安全的专业人才，建立并完善大数据信息安全体系。

（三）人才管理

大数据时代对大数据的大量分析与应用使得该领域缺乏足够的人力支持，据麦肯锡全球研究所去年的调查报告显示，目前美国需要 14 万到 19 万名以上具备“深度分析”专长的研究人员，而对具备数据知识的经理的需求超过了 150 万。为了解决社会的需要，美国包括约翰·霍普金斯大学、加州大学圣迭戈分校、伊利诺伊大学、密歇根大学、康奈尔大学和麻省理工学院在内的不少高校已经设置了专门硕士、博士学位，培养能够按照数据的生命周期全过程对数据进行管理的专业人才。

大数据时代图书馆服务的核心是数据服务，数据服务离不开数据人才。而数据分析人才又如此匮乏，图书馆的数据人才从哪里来？

提供优厚的条件招聘数据分析专业人才固然可以，但相对于公司企业来说，图书馆给出的条件再优厚，也很难比得上公司企业的条件；再者，目前数据人才相对稀缺，人数有限，再丰厚的条件可能也难聘到数据人才。怎么办？图书馆可以挑选合适的馆员，比如具有学科背景的学科馆员、查新人员以及计算机能力强的系统技术人员，让其接受专门培训或者进修，掌握大数据的相关技术，提高图书馆的服务水平。

图书馆还应制定相应的配套政策，以吸引、留住人才。不以时间考核，代之以任务考核，任务完成后的时间可以自由支配；在图书馆的奖金分配上有一定的倾斜，比如发放卓越津贴；目前，高校图书馆只有图书馆员的职称评定，还没有数据人才的职称评定系列，图书馆应呼吁上级主管部门早日解决这个职称评定问题。

大数据时代已经来临，图书馆应当正视大数据带来的机遇与挑战。充分利用图书馆服务发展中的海量数据，加强学科信息的关联性和数据质量，通过海量数据的收集处理，从中获得知识并提升能力，从而提升图书馆的服务品质。

第五节　慕课时代下高校图书馆创新服务研究

一、背景

MOOCs 概念最早是由加拿大学者戴夫·科米尔 (Dave Cormier) 和布赖恩·亚历山大 (Bryan Alexander) 于 2008 年提出。MOOCs 又称为 MOOC，是 MassiveOpenOnlineCourses 的简称，译为大规模网络开放课程，国内学者焦建利称其为“慕课”，目前被广泛用于高等教育领域。MOOCs 教学模式的出现突破了时间、地域的束缚，提高了教学效率，而且将对传统教学模式带来重大变革，作为高校知识传播枢纽的图书馆也应采取各种措施，应对这种新兴教学模式。

二、MOOCs的特征

MOOCs 在线教学模式是现代教育信息技术、多媒体技术和网络技术结合的结果，核心在于倡导优质教育资源共享，课程无界交流。上海交通大学副校长黄震认为：“慕课打破了大学的‘围墙’，未来大学将变得没有国界。”在线课程模式将引发“学习的革命”，将深刻影响高等教育的人才培养和教学方式。

研究表明，MOOCs 有以下四个特征：第一，满足学生随时随地的学习需求，根据自身情况设定学习进度。第二，实现教学视频“微课化”，迎合学生学习注意力的最佳时长，提高学习质量和效率。第三，加强学生课程探讨与交流，推动同行研讨交流常态化发展。第四，共享优质教育资源，提高教学质量，提高人才培养质量。MOOCs 教学模式反映出教师对教学活动的绝对话语权，强调学生对学习的体验和互动，巩固了学生的学习自主权，使传统课堂教学模式面临严峻的挑战。

三、MOOCs模式发展对图书馆服务的冲击

（一）图书馆信息化资源服务

MOOCs 环境下，优质教学资源借助计算机和互联网技术实现开放式存取和优化配置，教师和学生既需要图书馆提供简单、快捷的检索系统，以便通过“信息自问”方式获取所需馆藏资源、电子资源甚至是网络资源，也需要通过“信息提问”方式由图书馆提供信息服务并获取交互信息资源。许多高校图书馆在模式转变过程中已致力于将图书馆纸质馆藏资源与电子资源进行整理、加工和重组，但仍存在信息化服务水平不到位，缺乏管理软件和分析工具的现象，且对应培训服务欠缺，很难满足 MOOCs 教学模式的学习需求。

（二）图书馆信息素养培训

MOOCs 模式主要表现为大规模和在线开放两大特征。教师在上传优质教学资源的过程中，首先要有获取新信息的敏感性，其次还要具备交叉学科的整合能力，并能制作精美视频和简洁优秀的课件。另外，不同专业、不同知识水平、不同文化层次的学生在获取网络平台资源的同时，也会将课后作业和问题讨论上传至网络平台，导致网络学习平台既有正式也有非正式信息资源。为此，学生应具备辨别、选择和处理各种信息源和信息数据的能力，并能快速从繁杂信息源中准确定位到所需内容。目前，许多高校图书馆为解决这一问题，多以开设必修课、选修课及讲座形式对师生开展信息素养培训，但总体来看效果并不理想。图书馆还需在培训内容和形式上不断尝试创新，以期进一步提高师生的信息获取能力、信息处理能力和信息分析能力。

（三）图书馆现代化技术支持

MOOCs 实现了现代教育与现代化技术的高度融合，突破了传统的教育规模、地域限制，实现了在线课堂教学、学习体验和师生互动，但是，MOOCs 教学需要以计算机技术、多媒体技术和网络技术作为支撑。另外，MOOCs 更强调个性化学习，信息资源获取从静态的单一获取到动态的共建共享，这种在线学习方式对现代化技术提出了更高的要求。

（四）图书馆数字版权服务

MOOCs 的“开放性”让参与者在网络平台上能够自由获取各种各样的教学资源（教材、参考资料、图片、视频等），其中部分教学资源在授权许可、符合知识共享协议的前提下可以直接开放使用，而部分教学资源因受版权保护限制，无法公开使用，一旦使用就容易引起版权纠纷。图书馆有保护数字版权的责任和义务，馆员应帮助师生合理有效地规避版权纠纷，开展版权教育培训，将 MOOCs 版权服务融入图书馆的日常服务工作中。

四、图书馆在MOOCs环境下的创新服务策略

（一）树立慕课服务理念，加强推广

服务创新，理念先行。MOOCs 作为一种新兴教学模式，其倡导的“开放、平等、自主”的核心思想颠覆了传统教育理念，这也直接影响了高校师生的认知和行为。高校图书馆作为高等教育的支持者和参与者，应顺应教学模式的改革趋势，调整思路，树立全新服务理念，保持创新性，开展以用户为导向的信息服务。高校图书馆可从以下两个方面拓展服务：一方面，高校图书馆应积极做好 MOOCs 宣传推广工作，利用一小时讲座、图书馆门户网站、微信推送等方式做好宣传，让更多用户了解 MOOCs，实现在线友好互动，充分利用自身优势为用户营造浓厚的 MOOCs 学习氛围，提供良好的 MOOCs 学习环境。另一方面，馆员要积极参与教师的教学工作和学生的学习过程，扮演教学资源提供者、知识组织者、研讨引导者和数据分析者等角色，为师生提供以集聚的知识点信息、经过加工整理序化后的信息、数据分析报告等信息产品，以适应用户对 MOOCs 的新需求。

（二）加强信息素养教育

MOOCs 学习中两个重要的技能是寻找现有的信息，以及过滤次要和额外的信息。随着大数据时代的到来，MOOCs 环境下的学习资源日益丰富，产生于移动终端的复杂数据如半结构化数据、非结构化数据，这些数据都可能成为 MOOCs 课程资源的组成部分。无论是搜索适合自己的 MOOCs 课程，还是检索相关参考信息，用户都必须具备良好的信息搜索与利用能力，因而，用户在 MOOCs 环境下拥有成熟的信息素养就显得尤为重要。高校图书馆作为信息素养教育的重要部门，应积极思考 MOOCs 教学模式下的信息素养多样化教育方法，创新教学思路，根据不同的信息受众群体，制订不同的信息素养教育计划。

MOOCs 环境下，馆员可以加入 MOOCs 课程制作团队，参与课程大纲的设计，为教师提供与课程有关的信息素养教学计划，协助教师完成教学素材的收集、整理和利用及教学视频和课件的制作等工作。馆员还可在课程模块中设置由馆员负责建设的“资源锦

囊”专栏，重点介绍该课程可以利用的参考资料，引导师生获取优质学术资源，有针对性地开展信息素养教育。

高校图书馆还可利用自身优势开设 MOOCs 信息素养培训课程，让用户随时随地接收信息素质教育，尤其是医学院校的实习生可以不受时空限制接收信息素养教育，提高信息获取能力，熟练掌握 MOOCs 学习的两个技能。

（三）MOOCs与阅读推广的对接

MOOCs 开放、互动及可视化的信息传递模式已成为目前读者心中理想的阅读需求和媒介习惯，“阅读”概念的内涵和外延也在不断地延伸。除文字材料外，广播、电视、网络、移动终端等多媒体信息也被纳入“阅读”中，因此，简短的 MOOCs 短视频课程也就被理解为广义的“阅读”活动。高校图书馆可以将 MOOCs 中与阅读有关的课程进行整合集中推介，如讲座类《文学欣赏与批评》、导读类《新教伦理与资本主义精神导读》和学习类《外科手术技能教学》等课程，均契合阅读推广主题，并能有效提高广大师生的阅读素养，培养他们的阅读习惯。此外，高校图书馆也可将原有阅读推广课程和讲座制作成精美的 MOOCs 短视频，在 MOOCs 教学平台开设阅读推广课程，有助于将 MOOCs 和阅读推广进行有效结合。

（四）促进图书馆资源和MOOCs教育资源的关联和融合

MOOCs 环境下，信息资源和学习过程的结合更为紧密，学生在 MOOCs 学习过程中希望能够直接获取相关网络参考书，对此，各网络平台就 MOOCs 课程与网络参考书的无缝链接还有待于进一步建设和完善。图书馆可利用自身优势，基于中图分类法，利用自身在知识组织、语义网方面的优势帮助教师建立元数据标准，协助实现 MOOCs 教育资源语义化关联，将网络上分散的学习内容有序地进行整合，允许教师创建和管理个性化的阅读资源列表，采取关联数据的形式对内容进行描述，方便学生拓展学习。

高校图书馆拥有较为丰富的数字资源，其中多媒体资源、在线考试系统所占资源比重在不断增加，图书馆将这种资源进行配比可有效实现本馆现有资源与 MOOCs 课程所需教材、案例、延伸阅读资料之间的关联。图书馆书目、电子教参系统、机构知识库是图书馆可以进行关联的最佳数据源。当图书馆书目信息、电子教参系统及机构知识库以 MOOCs 平台的关联数据形式发布后，会成为 MOOCs 学习资源的一部分，可进一步体现 MOOCs 环境下图书馆充当资源提供者这一职能的价值。

（五）提供精品化网络信息服务

MOOCs 将教学模式从以教师“教”为主转变为以学生“学”为主，注重资源查找、学生自学、资料收集整理等环节。面对当今知识更新快、文献信息数量激增的现状，用户面临的主要问题是如何在海量文献中快捷、精准地找到所需文献。高校图书馆作为学校的文献情报中心，应充分发挥自身信息资源丰富、信息服务专业、网络设备齐全等优势，为用户打造专业化、精品化和个性化的网络信息服务。笔者认为，一方面，图书馆应在其门户网站设置 MOOCs 专题服务板块，聚类各学科资源；另一方面，图书馆应建立实时在线信息咨询服务机制，及时回答用户在 MOOCs 学习过程中遇到的问题，让用户能方便快捷、随时随地获取信息、利用信息，帮助用户将知识内容从众多信息对象中挖掘出来，为用户提供权威、新颖和实用的信息。

（六）注重大数据技术的应用

MOOCs 学习活动中会产生海量的动态信息，馆员无须再依赖传统问卷调查的方式获取用户反馈，馆员可以直接通过平台获取用户浏览记录、学习时段、学习成果检测、有效资源使用率、师生交互现状等信息。高校图书馆可利用大数据技术进行分析，了解用户的信息行为和学习效果，深入挖掘潜在信息需求，构建全新信息服务模式，为 MOOCs 课程的改进和发展提供参考依据，使 MOOCs 教学模式得到稳步发展。

技术对教育模式的颠覆创新时代已经到来，高校图书馆必须转变观念，主动适应 MOOCs 教学模式的变革和需求，创新服务模式，提升服务质量和服务能力，为高校教学和科研提供信息支持。

第六节 创客空间引领互联时代高校图书馆创新服务

《国家中长期教育改革和发展规划纲要（2010—2020）》提出，高等教育的目标任务是“培养高素质专门人才和拔尖创新人才”。自 2014 年李克强在达沃斯夏季论坛期间倡导“大众创业、万众创新”以来，创业、创新成为一股热潮。在 2015 年 10 月吉林长春举行的首届中国“互联网 +”大学生创新创业大赛上，李克强总理做出重要批示：大学生是实施创新驱动发展战略和推进大众创业、万众创新的生力军，既要认真扎实学习、掌握更多知识，也要投身创新创业、提高实践能力。教育部门和广大教育工作者要认真贯彻国家决策部署，积极开展教学改革探索，把创新创业教育融入人才培养，切实增强学生的创业意识、创新精神和创造能力，厚植大众创业、万众创新土壤，为建设创新型国家提供源源不断的人才智力支撑。

创新是我们这个时代的最强音，创新引领中国经济改革发展。不断提高师生的科研能力是高校发展的重要任务。增强师生的创新意识、创造能力是提升师生科研能力的关键所在。作为以服务为宗旨的高校图书馆，应跟随时代步伐，满足用户多样化信息需求，不断改进服务理念、拓展服务方式。创客空间服务是创新图书馆服务的内在要求，创客空间（hackspace，hacklab，makerspace，creative space）是供人们分享有关电脑、技术、科学、数字、电子艺术等方面兴趣并合作、动手、创造的地方。创客空间是以促进学习和知识创新为目标，具有相同兴趣爱好的人聚集在一起分享资源如工具、专业技能、创意等完成项目的真实实体空间，在高校图书馆设立创客空间不仅是一种服务模式创新，更是一种制度创新、观念创新。

一、创客空间引领互联时代高校图书馆创新服务

互联时代，信息技术和网络技术飞速发展，高校图书馆不应只提供文献、因特网、计算机等实体让用户去获取、评价、利用信息，更应提供新兴的媒体、工具、技术让用户去创造信息。创新是互联时代的本质特征，创客空间是互联时代图书馆服务变革的新型模式，能够促进传统图书馆向信息时代多元化图书馆转型，使图书馆从传统的文献存储中心提升为支持创造的"学习"中心，使更多的人共享知识创造的工具，提供交流、开放、分享知识和资源的理想平台，营造独立思考与团队合作的环境，激发用户在交流与协作中学习和创作，最终达到知识创新目标。高校图书馆创客空间特征是分享（Sharing）、学习（Learning）、教学（Teaching）和创造（Creating），是进行创意项目的创新工场，促进创业能力和经济发展的智慧之源，因此互联时代高校图书馆构建创客空间是顺应时代发展的必然要求。创客空间是为用户提供创意交流、思维互动以及各种设备的场所，是虚拟的创意得到实现的实体空间，因此创客空间具有跨时代的特征，体现了高校图书馆的创新服务，对科技创新具有积极的推动作用。高校图书馆构建创客空间使更多的人参与其中，充分地发挥图书馆促进学习、提高用户信息素养、培养创新精神的历史使命，是响应李克强总理"进一步促进社会公平正义，使人人皆可创新、创新惠及人人，为大众创业提供支撑"号召的具体体现，培育了"大众创业、万众创新"成长和发展的良好环境。

高校图书馆运行创客空间具有协同效益。对于用户来说，有利于用户的自我发展、知识交流转移和创新，缩小用户与尖端技术使用之间的鸿沟；对于图书馆来说，可以延伸图书馆开发智力资源的理念，提升图书馆的社会影响力；对于社会来说，可以提高全民素养水平，进一步增强国家科技创新能力。

二、高校图书馆构建创客空间的意义

（一）满足用户个性化信息需求。用户需求是图书馆一切服务的出发点和落脚点。创客空间服务正是从用户的需求出发，让用户主动获取知识、创造满足他们个性化知识需求的主动的、有针对性的服务。互联时代用户个性化信息需求得到长足发展，满足用户信息需求，为用户提供一个施展才华的空间——创客空间，培养个性、表现个性，展现自我，是吸引用户参与图书馆建设的关键所在。高校图书馆创客空间的建立，首先要保证创客自主性和创造性的发挥。它更强调用户在空间的主体地位，通过用户之间的交流和合作，进行知识共享和知识创新，创造用户自己的知识产品。在这里用户不再是被动地接受知识，而是主动探讨自己感兴趣的资源，玩中取乐——在游戏化服务的理念下发挥创造力，施展个人才能；在这里强调以用户为中心开展互动服务，注重用户体验，满足用户特别是大学生萌生的奇思妙想、个性化发展的需求，培养他们独立思考、解决问题的能力，为他们提供动手实践的机会，从而实现创客空间服务项目的多元化发展，使图书馆

成为用户终身学习和个人发展的空间。

（二）为大学生创业、就业奠定基础。高校图书馆创客空间是将不同专业、不同知识背景的学生聚集在一起，通过相互交流创意、使用图书馆创客空间提供的各种设备及加工工具，培养学生的学习、创新与实践能力，体验科技乐趣、充分发挥创意，进行创造发明，促进大学生的知识创新，最终可能会产生新的创业机会。并通过创客空间向学生提供各类作品的展示服务，表现自我，从而有效地推动学生的学习与创业。创客空间有利于知识成果的实践转化，而高校图书馆恰恰承担着促进高校科研活动和科研进程的重任，开设创客空间服务有利于学生将所学的知识用于实践，推动科研知识向产出的发展过程。高校图书馆"创客空间"提供了创意孵化器的空间环境，具有使想法快速成型的工具，使学生接触到最先进的技术，有更多自愿的、创造性学习的机会，从而带来创业、就业的机会。

（三）提供交流平台，促进跨学科的合作与研究。高校图书馆是高校探索知识、为师生提供支持的智慧枢纽。通过开办创客空间，可以将不同学科的师生凝聚到一起，共同实现对知识的探索和创造。高校图书馆创客空间为高校教师、科研人员提供相互交流、学习的空间，为其营造一种轻松、富有创造性和革新精神的环境，能极大地激发他们的好奇心，更好地激励科研人员之间的交流与合作，为其动手实践及成果展示提供平台，为学校科技创新提供合作交流平台。不同学科、专业背景的人在这里聚集、交流、协作，运用前沿技术、先进的设备完成综合性、跨学科的科研项目；多学科领域的师生能够进行相互讨论、学习，对所设计的计算机模型进行 3D 打印，将创意变成现实；科研人员通过交流思想、创意，更新知识、开阔眼界、启发思路，从而实现跨学科的大规模科研合作，为其科学研究注入新鲜血液。空间内的知识融会、实践交流，促进了跨学科的研究与互动，有利于高校进行知识创新和学术研究。

（四）提升高校图书馆社会价值，实现服务创新。高校图书馆提供创客空间服务，开创了图书馆新的服务类型，扩大了图书馆服务范围，使图书馆充分发挥促进知识创新的作用，有利于高校进行知识创新和学术研究，体现了高校图书馆的社会价值。通过创客空间和创客文化能够促进高校的教育发展，推动图书馆的改革和创新，为传统图书馆转型提供了契机，为高校图书馆事业发展注入新的活力。

高校图书馆引入创客空间服务，有助于加强用户的参与互动，从而更好地维护图书馆与用户间的联系；有助于用户主观能动性的发挥和思考力、创造力的培育；创客空间将图书馆由信息资源的提供者转变为提升用户创造能力的智力开发者；各种数字化尖端科学技术及设备的提供，提升了互联时代用户高尖端数字化设备、数字化技术的掌握及使用；3D 设备在让用户体验科技进步和创造快乐的同时，推动了用户理论知识向实践及新知识、新成果的转换。高校图书馆引入创客空间后，能够增强图书馆多元化服务能力，使图书馆的社会价值被深层次挖掘，让图书馆成为思想和创意的"孵化器"，产生新的社会效益和经济效益；各种合作交流、相互协作的创意创造活动，让用户获得丰富的、交互的协作创新经验，使图书馆成为终身学习和个人发展的有效空间，从而提高图书馆在用户心中的地位，增强图书馆的核心竞争力，推动图书馆不断发展。

三、构建高校图书馆创客空间的建议

如今创客风潮席卷全球，高校图书馆应在这股风潮中抓住机会，重新审视自己，找到自己未来的定位，振兴图书馆事业的发展。

（一）根据本馆的具体情况，规划图书馆创客空间。高校图书馆创客空间的规划设计，要以自身资源现状、发展策略及用户需求为出发点，找准定位，明确目标，合理规划，积极推进，促进图书馆创新服务，推动高校图书馆事业良性发展。要以用户需求为导向，学习和借鉴美国图书馆界创客空间的先进经验，在综合考虑本馆资金、技术、人力等多种资源的基础上，选择适合本馆用户的创客空间技术及服务，开展用户喜闻乐见的活动，进行多种形式的探索，循序渐进地推进。创客空间内的制作绝不仅局限于数字化的制作，虽然，数字化制作体现了时代的发展趋势，但一些非数字化的机器制作、手工制作同样能够将具有共同爱好、兴趣的用户聚集在一起，开展协作化创新。创建初期阶段它可以是研讨学习室、全媒体交流体验空间等，通过师生的共同交流和协作，促进项目的进展，进行创新知识的积累；也可以举办创客大赛、写作沙龙、工艺课程、创意设计展览等，构建具有本馆特色的创客空间，更好地支持创新实践和科研项目，提高学生用创新思维发现问题、用智慧方式解决问题的能力，保障学生能够站在科学技术的前端，通过接纳新科技、接受新技术，激发学生的无限潜能和积极创造的活力。

（二）有针对性地开展项目，为教学和科研服务。高校图书馆要根据自己的基础条件、实际需求以及学校的不同专业进行创客空间的构建，制定准确而又全面的服务策略。高校图书馆创客空间主要服务对象是在校师生，因此应开展与学校课程设置相关的活动，设置项目应与大学生学习课程或兴趣爱好相一致，也可结合学生科技创新实践活动、学校及企业合作的科研项目，为这些创新活动提供所需设备、器械和信息资源，搭建实验和实践环境，使创客空间成为科技创新的孵化基地。图书馆应与学校相关专业合作，以专业为特色，在培训课程设置方面，充分发挥高校人力资源优势，通过与院校教师合作，为学生提供理论培训与实践指导，聘请专业人员或志愿者的方式提供培训，通常与高校特色专业课程、应用类课程相关，即创客空间的专业针对性、应用创新性更强，其作为高校教学、科研活动的有机延伸，进一步深化了高校图书馆的科研辅助功能，为教学和科研服务。

（三）构建创客空间用户交流平台，提供在线服务。为了鼓励用户进行交流，高校图书馆不仅要提供实体空间，还应该为用户提供在线论坛这种虚拟空间的交流平台，满足用户的多元化需求，鼓励人们进行知识的共享与交流，分享技术与资源。在这种虚拟空间中，用户可以将自己的设计原型展示出来，与他人交流，获取对该设计有不同见解用户的修改意见。并通过用户间深层次的交流互动，使设计者得到启发与灵感，不断完善设计原型。此外，该平台还可以作为图书馆发布创客空间动态的窗口，通过交流平台发布创客空间的科研成果，公布研究进展。这样不仅增强了社交性，成为联系图书馆和用户的纽带，及时传递各类信息，而且还能保证用户宝贵创意资料的保存和开放获取。

（四）提升图书馆馆员能力，提供专业性服务。高校图书馆创客空间不仅为用户提供创新所需的资源，更侧重用户创新、创意能力的激发，通过馆员与专业教师、科研指导人员的合作，促进学生更多地进行思考，开展创新活动。创客空间馆员的使命不仅仅是提供资源和服务，既是合作伙伴又是传道授业解惑的老师，启迪用户的创造力。创客空间图书馆员需要具备良好的专业知识，接受新技术的能力；具备传授能力和良好的服务态度，善于人际沟通，能够协调创作团队中的各种关系，在创作的过程中能够起到辅助引导的作用，保证项目创作的顺利进行。因此，对图书馆员的素质提出了新的、更高的要求。要通过馆员培训，提升馆员能力，使其掌握相关技术工具应用及创新技能，才能进行技术支撑、提供专业的服务，协同共进，并且在设计规划创客空间、运行维护相关设备、与用户开展合作的过程中都需要图书馆员不断学习新理念、新技能。这就需要图书馆员在实践中学习，在空间的建设实施过程中，不断提升自身的创造能力，从而推动图书馆的创新与发展。

第七节　微时代下高校图书馆创新服务

互联网技术的快速发展给社会各行各业都带来了较大的转变，人们的思维模式和生活特点也随之发生改变，一些领域在互联网技术的刺激下甚至发生了翻天覆地的变化。互联网技术的强大信息传播能力使得信息的共享变得更加方便，使得传统的阅读方式趋向多样化，也给高校图书馆的发展带来了新的挑战，如何在信息化时代中满足师生对图书馆的功能要求，更好的发挥图书馆的平台作用，推动学校教学科研的长足进步是每个高校图书馆应该思考的问题。

一、网络微时代下高校图书馆服务存在的问题

（一）服务理念落后

目前一些高校图书馆管理方式较为传统，服务理念相对落后，其中的工作人员不能及时根据互联网的快速发展调整服务方式，对于当前网络技术的进步较为不适应，服务态度还停留在传统的模式和思维上。这些人员对图书馆的服务特性理解较为片面，认为图书馆只要确保每天读者能够借到书并且按时将书归还就算完成任务。这种服务态度常常会造成资源的浪费，对师生学习和科研也会产生不利影响，进而影响到整个图书馆的形象。一些高校的师生也存在对图书馆工作不了解，轻视图书馆管理人员的问题，认为图书馆工作人员每天的工作只是重复性的体力劳动，没有任何技术含量，对图书馆的

管理方式也不认同。

（二）图书馆管理人员的职业素质有待提高

调查显示，当前高校中的图书馆管理人员自身素质与当前互联网条件下的图书馆工作要求差距较大。图书馆的管理人员从学历、工作年限、知识结构等方面都不能满足岗位要求。高校的管理人员对图书馆管理重视程度不够，缺乏对互联网背景下的图书馆岗位要求的了解和认识，常常将图书馆工作作为引进其他高素质人才的附加筹码。种种原因导致图书馆管理人员年龄结构偏大，引进的新人在专业素质上又不能满足图书馆服务的基本要求。很多图书馆员只会对传统的纸质材料进行整理与核对，只能完成一些简单的借书扫描、还书上架等操作，缺乏系统的图书馆管理学以及计算机方面的专业知识的学习，导致其自身素质远远落后于当前信息技术的发展。

（三）图书馆数字资源建立存在问题

互联网技术的发展给图书馆数字资源的建立带来了巨大影响，依靠网络技术传统的图书馆可以获得更多的资源，资源形式也会越来越丰富。统计数据表明，我国高校的图书馆用于数字资源采购的经费可以占到全年经费的 40% 以上，而且这一数字还在不断增加。尽管数字资源的投入增加，但数字资源的优势并没有得到体现，存在重复性购买和使用不方便等问题，增加了大量成本也没有起到良好的服务效果。

由于我国图书馆服务存在以上种种问题，直接影响了图书馆的服务能力，应该引起足够的重视，如何在当前形势下有效利用互联网技术，提高图书馆的服务质量是每个图书馆管理人员应该思考的问题。

二、基于网络微时代下提升高校图书馆服务的措施

（一）提高高校图书馆馆员职业能力和专业素养

要着力提高高校图书馆工作人员的思想素质。高校图书馆所提供的各类服务其结果是通过引入全新的服务或改进现有的服务来满足用户变化的需求，给用户带来新的价值提高用户的满意度。只有不断为广大师生员工提供满意的服务，才能推动学校教学与科研又好又快发展。提高服务水平，首先重视馆员的思想素质。要加强高校图书馆工作人员的思想教育，增强责任心，培养他们爱岗敬业，奉献进取的精神，树立全心全意为读者服务思想。

（二）培养师生信息利用素养

信息技术的快速发展使得师生信息利用素养更加重要，已经逐渐成为不可或缺的基本技能。在当前的网络环境下，高校图书馆应该利用自身的优势帮助师生培养提高信息素养。可以通过入学教育、组织培训等方式帮助师生掌握快速获得所需要的资源的技术和能力。也可以通过制作技术短片、举办讲座等形式将具体的使用方法介绍给师生，提

高师生在图书馆中获取资源的效率。

（三）创新高校图书馆数字资源镜像站建设

一方面，所采用的信息内容要全面广泛，而且要注重科学性与权威性要根据本校馆藏的结构和馆藏特色，做到有针对性的引进，并与纸质印刷文献互为补充。另一方面，要注意信息的组织设计是否科学合理，是否方便读者使用。要努力设计友好的检索界面，灵活多样的检索方式，同时提供完善下载输出打印、在线浏览阅读等的数据库功能。要搞好数字资源镜像站的成本投入和后续服务，坚持安全高效可靠的网络安全策略，创造优良的数据库系统运行环境。

微时代背景下的高校图书馆服务问题需要引起高校管理人员的注意。给师生提供良好的图书馆服务对于师生学习质量的提升、科研成果的创新都有着积极影响。充分利用互联网技术的优势，实现信息资源的快速共享，帮助师生获得最需要的资源是每个高校图书馆追求目标。只有转变自身观念、提升专业素质才能适应新时达的图书馆服务需求。

第八节　面向科技成果转化的高校图书馆创新服务

一、图书馆科技信息平台

科技信息平台是以发布科技成果与企业需求信息、促进科技成果转化为宗旨的互联网分布式系统。笔者将科技信息平台的建设依托在高校图书馆官方网站的入口上，这样能够最大限度地扩大使用范围，使用户更加快捷高效地检索到科技信息平台，从而达到网络推广作用最大化。并在图书馆主页提供校外访问系统入口，使图书馆服务既涵盖校内师生，又保障了校外企业人员的使用需求，为高校与企业之间的沟通架起桥梁，达到两者信息对称的目的，同时更扩大了高校图书馆信息服务社会化的职能。该平台的服务内容包括科技信息检索、科技信息发布、科技参考咨询以及科技成果转化服务。

二、图书馆科技信息平台具体功能模块实现的功能

（一）科技信息检索服务：通过在检索框输入检索词，平台系统从图书馆科技信息数据库中查找并返回相关信息，该服务能够提供科技成果报告查询、科技专利信息查询、科技合作企业查询、学科研究团队查询等。

（二）科技信息发布服务：图书馆工作人员定期会发布最新的科技动态、高校成果以及科技需求等，在该模块可以按照学科分类查找科技信息，也可以帮助企业发布分类的行业信息。科技信息平台发布、传播的信息要求实时性、准确性、真实性，满足实际的科技信息需求。

（三）科技参考咨询服务：科技参考咨询服务则是通过向图书馆专业的学科馆员描

述科技需求，然后图书馆员经过搜集、检索、整合、提炼信息，将信息有针对性地重新加工成知识产品，再反馈给用户。

（四）科技成果转化服务：科技成果转化服务能够提供科技成果的评估，由行业专家对科技成果进行系统科学的评价，再由学科馆员完成科技成果的评估报告，提供给企业作为科技成果转化活动的参考意见。

三、创新服务模式

本节提出面向科技成果转化的两种图书馆创新服务模式，一是信息服务模式，主要是将科技信息整合，为用户提供一站式科技信息服务；二是知识服务模式，旨在为用户提供高质量、专业化的知识集成服务，最终形成能够解决实际问题的知识产品。这两种创新服务模式的功能是依托在科技信息平台上实现的，下面对服务模式的具体功能进行详细阐述。

（一）信息服务模式

高校图书馆参与科技成果转化的信息服务模式主要是以信息共享为目标的服务模式，由于高校中的科研人员专注于学术研究，较少有机会进入企业，不能及时发现市场真正的技术需求，那么针对两者之间的信息鸿沟，笔者提出针对科技成果转化的高校图书馆信息服务模式，该模式包含四项服务，分别是开展信息调研服务、建立市场需求和科技成果数据库、定期举办科技活动、构建科技信息平台。图书馆开展的信息服务模式主要是将科技信息最大限度地搜集，完整、客观地提供给用户，使高校科研人员在项目定题的过程中有参考方向，为企业用户提供选择技术合作的途径，架起高校与企业沟通的桥梁，达到信息共享、促进科技转化的目标。

（二）知识服务模式

高校图书馆参与科技成果转化的知识服务模式是指为用户提供高质量、专业化的知识集成服务，不仅是对信息资源的简单整合，还需要图书馆工作人员加入脑力劳动，从解决问题出发，对数据、信息、显隐性知识进行检索、组织、分析等工作，最终提供给用户能够解决问题的知识产品。知识服务模式提供三类服务，分别是面向企业需求的知识化服务、面向科研团队的项目化服务以及个性化知识服务。

科技成果转化与高校图书馆的创新服务模式研究，能够对高校的科技成果转化起到一定作用，为高校科研团队与企业提供实际有效的帮助，且为高等学校与科技公司的联合活动打开新的沟通方式，提供了高校与企业合作的新途径和新方法；高校图书馆参与到科技成果转化研究中，充分利用了高校图书馆的信息优势、人才优势、技术优势、服务优势等，使高校图书馆为经济社会提供服务，将图书馆的社会职能发挥得淋漓尽致，大大促进了社会的经济发展。

参考文献

[1] 邱均平，等. 论知识经济中的知识管理及其实施 [J]. 图书情报知识，1999，(3)：9-13.

[2] 柯平 . 知识管理在图书馆中的应用研究 [J]. 图书馆学研究，2003，(9)：8-12.

[3] 覃凤兰 . 基于知识管理的高校图书馆知识服务模式研究 [J]. 情报杂志，2007，(5)：118-120.

[4] 吴建中 . 浅谈 21 世纪图书馆发展趋势 [J]. 图书馆杂志，1997，(l)：35-37，26.

[5] 杨荣然 . 知识管理在高校图书馆的应用与发展 [J]. 图书馆论坛，2003，(5)：30-31，65.

[6] 盛小平 .21 世纪的图书馆知识管理 [J]. 图书馆杂志，1999，(8)：29-31.

[7] 吴慰慈 . 从信息资源管理到知识管理 [J]. 图书馆论坛，2002，(5)：110-113.

[8] 刘雪飞，张芳宁 . 图书馆知识服务模式及发展趋势分析 [J]. 图书馆理论与实践，2012，(10)：110-112.

[9] 李荣，刘旭 . 对新环境下开展学科化服务的思考 [J]. 图书馆学研究，2010，(4)：78-80.

[10] 麦淑平 . 图书馆知识服务模式研究 [J]. 图书馆建设，2010，(6)：72-75.

[11] 柯平 . 新世纪图书馆需要知识管理和知识服务 [J]. 新世纪图书馆，2005，(6)：13-15.

[12] 姚晨璐，李永先 . 基于知识管理的图书馆核心竞争力研究 [J]. 图书馆学刊，2013，(11)：7-8.

[13] 李育嫦 . 数字图书馆信息资源共享现状及保障机制研究 [J]. 图书馆学研究，2014(03)：43-44.

[14] 董燕云 . 计算环境下公共图书馆信息资源共享模式与运行机制研究 [D]. 济南：山东大学，2014.

[15] 黄翔 . 图书馆信息资源合作共享问题与对策研究 [D]. 广西大学，2013.

[16] 过仕明，张雨娴 . 图书馆信息资源共享平台建设影响因素的定量分析 [J]. 情报科学，2013(10)：89-91.

[17] 李秦燕 . 网络环境下高职院校图书馆文献信息资源建设的思考 [J]. 现代企业文化，2017(3)：180-181.

[18] 唐细英，付婷，陈文峰 . 网络阅读和高校图书馆文献信息资源建设的发展 [J]. 科技风，2017(2)：171-171.

[19] 刘霞，马晓，刘素颖 . 网络环境下军队院校图书馆文献信息资源建设的对策 [J]. 科技文献信息管理,2016(3)：38-39.

[20] 刘安定 . 云环境下图书馆信息资源建设的机遇、挑战与策略研究 [J]. 赤峰学院学报 (自然版),2016,32(8)：192-194.

[21] 徐建华 . 现代图书馆管理 [M]. 天津：南开大学出版社,2003.

[22] 董华，张吉光 . 城市公共安全——应急与管理 [M]. 北京：化学工业出版社，2006.

[23] 彼得 · 德鲁克 . 管理的实践 [M]. 北京：机械工业出版社,2009.

[24] 郝建军 . 基于智库理念的图书馆参考咨询服务转型与建设研究 [J]. 图书馆学刊，2016(12)：79-81.

[25] 王喜平 . 基于智库理念的数字图书馆参考咨询服务模式研究 [J]. 河南图书馆学刊,2015(09)：112-114.

[26] 崔海英 . 服务主导型数字图书馆理念下的图书馆虚拟参考咨询服务研究 [J]. 现代情报,2005(12)：81-86.

[27] 肖希明 . 信息资源建设：概念、内容与体系 [J]. 中国图书馆学报,2006,32(5)：5-8.

[28] 程焕文,潘燕桃 . 信息资源共享 [M]. 北京：高等教育出版社,2004.

[29] 肖希明 . 信息资源建设 [M]. 武汉：武汉大学出版社,2008.

[30] 周晓英,宛玲 . 信息资源管理 [M]. 北京：首都经济贸易大学出版社,2012.

[31] 高波，吴慰慈 . 从文献资源建设到信息资源建设 [J]. 中国图书馆学报，2000，26(5)：24-27.